# 高校党建品牌创建研究与实践

董欲晓　侯振华　孙爱花　著



山东大学出版社
SHANDONG UNIVERSITY PRESS
·济南·

**图书在版编目(CIP)数据**

高校党建品牌创建研究与实践 / 董欲晓，侯振华，孙爱花著. -- 济南 ：山东大学出版社，2024.11.

ISBN 978-7-5607-8364-2

Ⅰ. D267.6

中国国家版本馆 CIP 数据核字第 20240WF795 号

责任编辑　董　戈

封面设计　王秋忆

**高校党建品牌创建研究与实践**

GAOXIAO DANGJIAN PINPAI CHUANGJIAN YANJIU YU SHIJIAN

---

出版发行　山东大学出版社

社　　址　山东省济南市山大南路 20 号

邮政编码　250100

发行热线　(0531)88363008

经　　销　新华书店

印　　刷　济南乾丰云印刷科技有限公司

规　　格　720 毫米×1000 毫米　1/16

　　　　　10.25 印张　185 千字

版　　次　2024 年 11 月第 1 版

印　　次　2024 年 11 月第 1 次印刷

定　　价　49.00 元

---

# 前　言

品牌化理念融入高校党建工作，找准党建与业务工作融合的切入点，实施“品牌化＋项目化”运作方式，培育创建高校党建品牌，可以有效推进重点工作，提升基层党组织的组织力、凝聚力和影响力，彰显党建工作活力。

2021年以来，山东建筑大学信息与电气工程学院党委持续推进党建品牌创建研究和实践。党建品牌化相关立项课题有山东省教育系统党建研究课题1项、山东建筑大学党建研究课题1项、山东建筑大学党建特色创新项目2项。学院精心进行党建品牌化顶层设计，持续培育“鸿雁”党建品牌，实施“一支部一品牌”，以品牌创建燃动立德树人“红色引擎”。自党建品牌创建以来，服务师生的同时显著增强了基层党组织的组织力和凝聚力，“鸿雁”党建品牌已成为具有较高知晓率、美誉度和影响力的学校党建品牌，其经验做法被新华网、大众日报、学习强国等媒体广泛报道。董欲晓、侯振华等老师形成的课题研究报告《品牌视角下的高校学生党员教育创新研究》获山东省教育系统2022年度党建研究课题优秀成果二等奖。

山东建筑大学信息与电气工程学院党委持续推进党建工作规范化和品牌化建设，党建工作取得高质量发展。2022年山东建筑大学信息与电气工程学院党委入选第二批山东党建工作标杆院系培育创建单位，2023年物联网工程教研室党支部通过首批山东党建工作样板支部、山东高校“双带头人”教师党支部书记工作室验收，本科生第二党支部入选第三批山东党建工作样板支部培育创建单位。至此，学院形成“1个省级标杆院系＋2个省级样板党支部＋1个省级‘双带头人’教师党支部书记工作室”的“双创”工作体系。

高校党建品牌建设是一项系统性、全局性、战略性的工程。本书作者董欲晓、侯振华、孙爱花从2021年开始持续进行党建品牌创建的实践与研究，具有比较丰富的理论和实践经验。本书围绕高校党建品牌创建的理论研究与实践，明确了党建品牌创建的意义和理念，提出了适用于高校的党建品牌创建思路和实施路径，提供了各类品牌创建案例，为高校党务工作者提供了参考和借鉴。第一章阐述高校党建品牌创建的理念和思路等；第二章到第六章聚焦高校党建品牌创建的重点领域，即党员教育、党建联建、赋能学生成才、赋能教师高质量发展、立体式党建阵地建设五个方面，阐明各类党建品牌创建的价值体现、创建策略和案例启示。其中，孙爱花负责第一章和第四章的撰写，侯振华负责第二章和第六章的撰写，董欲晓负责第三章和第五章的撰写。

本书聚焦高校党建品牌创建的理论研究与实践，丰富了基层党组织建设、党员教育、思想政治教育的理论研究，在长期开展品牌创建实践的基础上，提出了适用于高校整体层面的党建品牌创建原则、思路和策略，希望能为高校党建品牌创建和思想政治教育工作创新提供借鉴和参考。

董欲晓

（山东建筑大学信息与电气工程学院党委书记）

2024年6月2日

# 目　录

# 第一章　擦亮高校党建品牌

高校开展党建品牌建设是推动党建工作高质量发展、实现党建与业务深度融合的有效途径。高校各级党组织要深刻理解党建品牌创建的重要意义，总结分析当前高校党建品牌创建过程中存在的问题，坚持“体现知行合一，定位持续发展，便于认知推广”的原则，把握品牌化理念融入高校党建工作的关键点和结合点，探索高校党建品牌建设的实施路径，从内容体系、运行体系、保障体系三个方面，培育富有特色和成效的党建品牌。

## 第一节　何为党建品牌

习近平总书记在党的二十大报告中强调：“全面建设社会主义现代化国家、全面推进中华民族伟大复兴，关键在党。”[①]同时进一步指出，要“增强党组织政治功能和组织功能”，“坚持大抓基层的鲜明导向”，“把基层党组织建设成为有效实现党的领导的坚强战斗堡垒”，“激励党员发挥先锋模范作用”，“保持党员队伍的先进性和纯洁性”。[②]

打铁还须自身硬。建设坚强有力的党，关键是党要管党、全面从严治党。“求木之长者，必固其根本”，基层是党的工作最坚实的力量支撑，基层是党的执

① 习近平：《高举中国特色社会主义伟大旗帜　为全面建设社会主义现代化国家而团结奋斗——在中国共产党第二十次全国代表大会上的报告》，人民出版社2022年版，第63页。

② 习近平：《高举中国特色社会主义伟大旗帜　为全面建设社会主义现代化国家而团结奋斗——在中国共产党第二十次全国代表大会上的报告》，人民出版社2022年版，第67、68页。

政之基、力量之源。基层党建工作，要以习近平新时代中国特色社会主义思想为指导，全面贯彻落实党的二十大精神，研究破解基层党建难题，细化工作举措，精心组织实施，认真抓好落实，确保取得实效，着力推动基层党建工作高质量发展。

党建品牌是指党的组织建设和党的工作形象在社会上形成的一种特定的品牌形象。党建品牌是对基层党组织党建工作亮点和特色的高度凝练，培育创新党建品牌是基层党组织凝心聚力的重要抓手。党建品牌的核心是坚持党的领导，贯彻党的路线、方针、政策，增强党的创造力、凝聚力和战斗力，为党的事业发展提供强大的组织保证。党建品牌创建的重点是聚焦践行新时代党的建设总要求和新时代党的组织路线。打造和创建高质量的党建品牌要坚持政治引领，坚持问题导向，用品牌化思路推进基层党建工作，传递品牌价值，提升传播效能，产生影响力。打造和创建高质量的党建品牌对于展现基层党组织的凝聚力、组织力、战斗力和号召力，提高党组织的知名度、认知度、美誉度，促进党员作用发挥，有效发挥组织育人功能，增强党的执政能力，提升基层党组织服务能力和组织形象意义重大。党建品牌的建设需要党员干部共同努力，通过开展各种形式的党建活动，提高党员干部的政治素养和业务能力，增强党员干部的党性觉悟和为民服务意识，形成党的工作品牌形象。

党建品牌一般具有五个方面的特点。一是鲜明的政治属性。党建品牌是党的重要标志和象征，具有浓厚的政治色彩。党建品牌的核心包括党的理论、路线、方针和政策，体现党的领导地位和党的先进性。二是强大的凝聚力和感召力。党建品牌能够凝聚党员干部和群众的力量，形成共同的价值观和认同感。党建品牌通过宣传教育和组织活动，引导党员干部和群众坚定信仰，增强向心力，形成团结奋斗的合力。三是丰富的内涵和多样的表现形式。党建品牌包括党的基本理论、党的历史和党的先进事迹等丰富内容，可以通过党员教育、党员活动、党员组织建设等多种形式进行宣传和展示。四是广泛的社会影响力。党建品牌是党建工作水平和创新成效的集中体现，具有广泛的社会影响力。党建品牌的塑造和传播不仅能够提升党的形象，还能够影响和引导社会风气，推动社会进步和发展。五是长期性和稳定性。党建品牌是党长期建设和发展的产物，具有长期性和稳定性。党建品牌的塑造和传播需要长期的宣传教育和组织工作，需要党员干部和群众的共同努力和坚持。总之，党建品牌是党的重要标志和象征，具有鲜明的政治属性、强大的凝聚力和感召力、丰富的内涵和多样的表现形式、广泛的社会影响力、长期性和稳定性等特点。党建品牌的塑造和传播是党的建设和发展的重要任务，对于加强党的领导、团结党员干部和群众、推动社会进步和发展具有重要意义。

## 第二节　高校党建品牌创建的意义

习近平总书记在第二十三次全国高等学校党的建设工作会议中强调："高校肩负着学习研究宣传马克思主义、培养中国特色社会主义事业建设者和接班人的重大任务。加强党对高校的领导，加强和改进高校党的建设，是办好中国特色社会主义大学的根本保证。"①

品牌作为一种识别标志、精神象征、价值理念，本身代表强大的实力、优异的品质、核心价值和社会影响力，是一笔取之不尽的重要无形资产。一个单位和组织培育打造品牌，在形成团体核心竞争力、提升组织形象、推广产品和活动、提高社会公众影响力和美誉度等方面具有显著作用。

高校党建工作品牌化，是将品牌化理念融入高校党建工作，结合高校党建特点和特色，采取品牌化、项目化运作方式，改变传统党建工作中的固化思路和工作方式，丰富创新党建工作模式。高校党建工作品牌化可以很好地破解当前党建工作中遇到的部分党员教育不够生动有力、党建与业务工作融合不够紧密、党内组织生活制度落实不平衡、党建工作成果在党员干部和群众中知晓率偏低等问题，有助于提升高校党建工作的科学化水平，实现以高质量党建推动学校高质量发展的效果，已成为提升党员教育效果的必然要求、发挥党员示范带动效应的有效路径、激发基层党组织活力的内在要求和党建与业务工作融合发展的重要抓手。

### 一、高校党建工作品牌化是提升党员教育效果的必然要求

品牌化理念融入高校党员教育，需要从目标制定基础上体现党建品牌优越性，借助品牌化建设实现党建工作过程中的党员教育目标。以鲜活的教育形

① 《习近平就高校党建工作作出重要指示强调　坚持立德树人思想引领　加强改进高校党建工作》，《人民日报》2014 年 12 月 30 日。

式、优质的教育内容、知行合一的教育实践模式，基于师生党员自身以及学习生活的实际需求，打造出更加符合师生党员自身成长、发展规律的党建教育品牌，通过品牌化运作有效强化党建品牌认同感，激发师生党员参与热情，构建一套富有学校特色、认可度高、便于示范推广的常态化党员教育体系，进而促成任务目标的落实，从根本上提升党员教育的实效性和针对性，有力增强师生党员的宗旨意识、党性观念和理想信念。

## 二、高校党建工作品牌化是发挥党员示范带动效应的有效路径

党员是师生中的先锋骨干，在党建工作、思想政治教育工作和业务工作中发挥着引领示范、组织实施的重要作用。高校党建工作不能继续保持以前传统的、相对单调乏味的且单一输出的教育形式，需要找准党建工作的切入点，将师生的时代特点和党建工作实际相结合，创新党建工作路径。高校各级党组织可以通过党建品牌创建，提高师生党员、青年学生、教职工的认可度和参与度，更好发挥党员在政治理论学习、教学科研、专业建设、学科建设、学生培养、事务管理等各个方面的先锋模范带头作用，进而推进党建品牌化理念的有效创新，拓展党建工作的影响力和受众辐射面，示范带动广大师生整体素质提升，推动高校各项事业高质量发展。

## 三、高校党建工作品牌化是激发基层党组织活力的内在要求

党建工作品牌化是对党建工作目标等进行整体设计规划的过程，也是各级党组织引导带领党员明确目标、凝聚共识、闭环管理、培训考评、总结经验、宣传推广、提高水平的过程。在此过程中，通过总结、凝练、反思、提升，推动高校党建工作各项任务落细落实，更好地激发党员的参与性、创造性和积极性。在党建品牌创建过程中，要与时俱进，立足新时代党建发展需要，与重点工作紧密结合，贴近师生实际需求，提升品牌活动的吸引力、感染力和感召力，引领党员将个人发展追求融入党组织建设发展大局中，有力激发党员的情感共鸣和思想认识，提升党员认同感和成就感，画好基层党建工作的最大同心圆，更好地传递党的声音，树立党的形象，不断提升和彰显党组织的凝聚力、组织力、战斗力和号召力，从而赢得全体党员和师生的归属感和信任。

## 四、高校党建工作品牌化是党建与业务工作融合发展的重要抓手

高校党建与业务工作融合发展，是以高质量党建引领学校各项事业高质量

发展的迫切需要，也是提升基层党建工作质效的重要路径。目前，各高校普遍认识到党建与业务工作融合发展的重要性，并探索多种举措推进党建与业务工作融合发展，但在实际工作中仍然容易出现党建与业务工作的“两张皮”现象。由于品牌本身就是强大的实力、优异的品质、核心价值和社会影响力的体现，所以每个党建品牌在创建之初无疑都经历了精心、系统的顶层设计，明晰了品牌创建的核心要义、涉及内容，并且普遍采用项目化运作方式，确保品牌创建取得明显成效。越来越多的高校以党建品牌创建为重要契机，将凝练培育党建工作特色与推动事业高质量发展的统一作为品牌创建的核心要义，致力于实现党建与业务工作融合发展、相互促进的良性循环。同时，党建品牌普遍采用项目化运作方式，更好保证党建工作和业务工作目标同向、一体管理、工作同力、推进同步，形成党建和业务工作相互关联的流程网、时间表、路线图，实现在思想上重视党建，在行动上抓党建，在业务上检验党建工作成效。因此，高校党建工作品牌化已成为党建与业务工作融合发展的重要抓手，有力推动党建和业务工作互融互促、同心同向、提质增效，以高质量党建引领业务工作高质量发展。

## 第三节　高校党建品牌创建的问题聚焦

近年来，不少高校将品牌理念引入党建实践，因地制宜地推进基层党建品牌创建工作，丰富了党建工作品牌化建设的理论和实践。但在实践过程中，往往还存在不平衡、不充分的现象。

### 一、党建工作品牌化意识有待加强

在推进党建工作品牌化的进程中，部分高校存在误区或不足。有些高校更多的是把主要精力放在常规党建工作方面，对党建品牌创建的重要性认识不足，将其看成一项临时性工作任务，在工作部署和考核中缺乏对品牌创建的体现。有的高校对党建品牌内涵的认识和创建标准的理解不足，缺乏完善的管理机制和运行机制，没有专门的部门策划全面翔实的品牌并督促其运行，开展党建工作主要靠传统老套固化的经验，品牌建设方法过于单一，仅是用旧有经验进行品牌宣传，无法根据现有环境变化进行调整，品牌建设缺乏知名度和美誉度，导致党员的参与度低、认同感较差，难以产生情感共鸣，品牌建设显得乏味。

有些党务工作人员缺乏深层次思考，在研究如何更好开展党建工作方面投入不够，仅开展常规工作，没有创造性开展特色工作，导致党建品牌创建工作流于形式，难以形成真正的党建品牌。

## 二、党建品牌培育缺乏长远规划和顶层设计

部分高校对于党建品牌创建缺乏顶层设计和长远规划，没有将学校的优势和特点进行有效的整合和表达，基于传统模式开展党建工作，在品牌名称、内容设计、运作推广、保障机制等方面缺乏长远规划。在内容设计上，结合实际工作不够紧密，没有充分考虑与思想政治教育、自身学科优势、专业特点、办学特色、师生实际需求、校园文化、学校重点工作的结合，致使党建工作脱离学校发展的精神内涵，师生对党建品牌缺乏归属感和认同感，师生主动参与党建品牌创建的积极性不高，党建工作的品牌特征和效果无法进一步凸显。在运行机制上，缺乏具有品牌意识和经验的专业人才，没有实施品牌化和项目化运作方式，工作方法相对单一，难以形成具有高校特色的党建工作品牌化优势，现有成果经验难以固化，品牌效果无法客观评价，影响了品牌生命力。在保障机制上，部分高校在品牌建设方面缺乏足够的资金支持，在基层党组织的目标管理、阵地建设、宣传推广、经费建设等方面投入不足，只有持续加强基层党组织自身建设，通过部门联动形成合力，才能为品牌建设提供坚强组织保障。

## 三、党建品牌化推广宣传效果不理想

当前，部分高校在党建品牌化推广宣传方面仍然面临诸多挑战。在品牌设计初期，缺乏对覆盖面的全面考量，品牌定位模糊，缺乏特色。有的一味追求新颖、独特，品牌活动设计形式大于内容，浮于表面，未将品牌活动融入党员日常工作及生活中，品牌建设难以形成广泛的影响力，导致师生参与率极低，品牌建设缺乏足够的生命力和影响力，宣传推广存在较大局限。在宣传过程中，有的高校宣传动员不到位，未充分考虑不同受众对象群体的差异，缺乏分层分类、精准有效的推广策略，导致宣传效果有限。部分高校过于重视党建工作的组织实施，而在品牌培育的总结凝练方面投入不足，未能形成具有借鉴和推广价值的品牌建设经验。有的高校宣传手段滞后，缺乏创新思维，仍依赖传统的推广手段来宣传党建活动，如宣传栏、交流会、发布新闻等，宣传力度不够强，未充分利用现代科技手段和新媒体平台等。有的高校虽然尝试使用新媒体进行推广，但

在运用过程中也存在明显的不足，如内容更新不及时、互动性差等，导致品牌认知度不高，传播效果欠佳，难以形成有效的品牌效应。

## 第四节　高校党建品牌创建的原则

高校党建品牌创建应坚持体现知行合一、定位持续发展、便于认知推广的原则，找准品牌化理念融入高校党建工作的关键点和结合点，精心培育体现校、院特色，可持续发展，备受党内外认同、支持和赞许的党建品牌。

### 一、遵循体现知行合一的原则

高校党建品牌建设应深度贯彻“知行合一”的理念，确保在理论与实践的交融中取得显著成效。要注重通过精心策划的主题活动，满足师生的精神追求和社会认同，在“知”与“行”间构建一座坚实的桥梁。第一，强化党性修养，深化理论学习。理论学习是党员教育的基石，品牌化建设应以此为核心，系统、深入地学，真正掌握党的理论精髓，确保党的理论和精神入脑入心。第二，聚焦实践运用，实现知行转化。通过设计形式新颖、内容丰富的实践活动，引导师生将所学理论知识应用于实际，实现知识的有效转化和能力的全面提升。第三，构建知行桥梁，提升教育实效。要致力于构建理论学习与工作实践之间的有机联系，让理论学习成为工作实践的有力支撑，让工作实践促进理论学习的深化。

### 二、遵循定位持续发展的原则

品牌培育是一个长期而持续的过程，需要高校在多个层面进行精心规划和实施。为确保品牌的长期影响力和创建动力，应当选择具有长远发展潜力的项目，通过岁月的沉淀和积累，逐步实现从“特色”到“品牌”的华丽蜕变。第一，在内容层面，确保品牌内容的连贯性和持续性。通过系统化的内容设计，为品牌的长期发展提供坚实的支撑，在持续推进过程中逐步构建出一套典型的、具有特色的内容体系，增强品牌的深度和内涵，为党建工作提供源源不断的动力。第二，在形式层面，确保品牌活动的多样性和延续性。通过构建立体化的品牌活动体系，针对不同党员，设计有针对性的活动内容，提升品牌活动的吸引力和党员参与度，使党建工作更加生动、有趣和富有成效。第三，在机制层面，确保品牌活动的稳定性和可持续性。通过形成典型的运行模式，构建包括动员、运行、总结在内的闭环运行机制，确保品牌活动的有序进行和持续改进。同时，注重品牌活动的反馈和评估，及时总结经验教训，不断优化和完善品牌建设的各个环节。

### 三、遵循便于认知推广的原则

品牌传播力度是塑造品牌知名度的核心驱动力，而美誉度则是衡量品牌受党内外支持和认可程度的关键指标。在高校党建品牌创建的顶层设计中，品牌名称和标志应追求简洁明了，易于识别记忆。通过独特的视觉标志、响亮的口号和富有内涵的品牌故事，使品牌脱颖而出，成为党员心中的独特印记。通过设计贴近党员需求、形式多样的活动，激发党员的参与热情，扩大品牌活动的参与面和覆盖面，增强品牌的影响力。通过积极汇报展示工作成果、获得专家和领导的有效指导、持续提供优质的项目活动等方式，展现高校党建品牌建设的创新点和实践成效，争取更多支持和指导，提升品牌的权威性和影响力。

## 第五节　高校党建品牌创建的实施路径

高校党建品牌创建在顶层设计上遵循体现知行合一、定位持续发展、便于认知推广的原则，精心进行品牌顶层设计，将党建品牌创建与党员教育、学生培养、强师赋能、宣传教育、党建与业务融合发展等紧密结合，从内容体系、运行体系、保障体系三个方面，培育富有成效的党建品牌，持续推进党建工作品牌化。立足师生成长发展需求和学校、学院重点工作与党建业务融合发展的迫切需要，构建由党员教育品牌、党建联建品牌、党建赋能学生成才品牌、党建赋能教师高质量发展品牌、立体式党建阵地品牌组成的内容体系；立足深化效果、可持续发展，在党建品牌建设过程中实施“品牌化运作＋项目化运作”的运行体系，有效提升品牌的实际效果、认知度和美誉度；立足建强组织保障，构建“‘头雁’领航计划＋支部目标管理＋阵地建设＋经费建设”的保障体系，加强基层党组织自身建设，为品牌实施提供强大的组织保障，有效提升党员党性观念和宗旨意识，推动党建和业务工作深度融合，扩大党组织的影响力，带动师生整体素质提升，以高质量党建引领各项事业高质量发展。

## 一、构建党建工作品牌化的内容体系

学校和二级学院要找准品牌化理念融入党建工作在内容上的结合点，聚焦高校党建品牌创建的重点领域，即党员教育、党建联建、赋能学生成才、赋能教师高质量发展、党建阵地建设五个方面，开展品牌创建的研究与实践，着力构建党建工作品牌化的内容体系。

一是以高校党员教育品牌创建为切入点。创建品牌是提升党员教育水平的有效路径，是提升党员党性观念和党支部组织力的重要途径。党员教育是党建品牌创建的一个重要领域，高校各级党组织可以从党课、党员主题实践活动、政治理论学习、励志成才教育、党建业务深度融合等方面，结合实际和自身特点，选择挖掘建设精品党课库、组建理论宣讲团、弘扬中华优秀传统文化等作为培育党建品牌的精品项目，聚焦党员教育的重点和难点，完善品牌组织形式和教育形式，用好教育阵地和宣传阵地，挖掘品牌潜力。

二是以高校党建联建品牌创建为切入点。高校党组织创建党建联建品牌，是基层党建工作在新形势下的模式创新。高校各级党组织创建党建联建品牌，要遵循资源共享、互惠双赢的原则，与党政部门、行业协会、企事业单位、社区等探索开展各类党建联建，通过实施组织联建、决策会商和考核评价，完善运行体系，结合自身实际，选择理论联学、现场教育联动、业务能力同促、全员育人协同、政产学研共促、志愿服务联动、文化建设同行等党建联建载体，有力提升双方党建工作水平，强化双方党组织的政治功能、组织功能和服务功能。在这一过程中，可以有效提升“三会一课”效果，落实“三全育人”，提升基层党组织的组织力，实现以党建引领高校高质量发展，服务地方经济与产业转型升级发展。

三是以高校党建赋能学生成才品牌创建为切入点。创建高校党建赋能学生成才品牌，是促进学生党建工作的有效手段。通过明确学生党建品牌定位和目标、建立健全赋能学生成才党建品牌创建的运行机制和内容体系等，可有效打造具有影响力和吸引力的党建品牌，切实发挥学生党员的先锋模范、示范带动作用，是凝聚“头雁领航，群雁齐飞”效应的重要举措，对于高校落实立德树人根本任务、带动学生整体素质提升具有重要意义。

四是以高校党建赋能教师高质量发展品牌创建为切入点。高校党建工作赋能教师高质量发展是坚持党对教育事业全面领导的具体体现，加强教师队伍建设的重要保障，实现党建与业务融合发展的有效途径。高校各级党组织要聚焦党建赋能教师高质量发展的内容范畴，围绕提升教师政治素养、思想素质和业务能力，通过加强政治学习，用品牌化理念丰富创新学习实践载体，切实提升教师政治素养；通过强化师德师风建设，常态化开展师德师风教育，积极培树师德典型，全面打造教师荣誉体系，发挥榜样示范作用，科学开展师德评价，引导广大教师做到以德立身、以德立学、以德施教，有效提升教师思想素质；通过深化课程思政建设，加强教育引领、专家辅导、研讨交流、成果培育等，提升广大教师做好课程思政的能力；通过积极搭建平台，以党建工作引领重点工作，促进教师专业发展，提高教学、科研、育人和社会服务能力。

五是以立体式党建阵地品牌创建为切入点。党建阵地是基层党组织、党员、群众开展活动的重要载体，是高校党建工作的重要内容。只有加强党建阵地的立体化建设，才能统筹各类资源，融合线下、线上多种渠道，发挥好阵地的综合功能。高校各级党组织要统筹党建阵地建设，综合利用现有阵地资源，整合优势资源，立足工作需要，做好立体式党建阵地品牌创建的顶层设计和建设工作。在立体式党建阵地品牌创建的过程中，要注重以品牌化打造提升阵地建设高度，以项目化机制挖掘阵地深度，以网络化载体拓展阵地宽度。高校各级党组织可以综合运用全媒体技术，建设网络党建阵地；打造文化长廊，充分发挥育人功能；建设读书阵地，拓展党员活动空间；建设校园景观阵地，打造特色“党员之家”等，建设集聚党员教育、支部活动、党建研讨、志愿服务和成果展示多种功能的党建阵地集群。

## 二、构建党建工作品牌化的运行体系

在推动高校党建工作品牌化的过程中，应实施更为精细化、系统化的策略，以确保品牌建设的深度与广度，进一步提升其引领力、凝聚力和辐射力。

一是强化品牌化战略导向。高校各级党组织应将党建工作品牌化置于学校整体发展的战略核心位置，深入理解品牌价值和意义，把握内在规律。要将党建品牌建设与学校中心任务深度融合，从全局出发，对品牌名称、核心理念、内容设计、传播策略等进行全方位、多角度的规划与布局。推行“校级品牌引领，院级品牌支撑，支部品牌实践”的分级培育模式。通过层层递进、上下联动的方式，培育出一批师生高度认可、社会广泛赞誉的党建品牌。

二是实施精细化、项目化管理。在党建品牌创建过程中，实施精细化、项目化管理，确保品牌建设的规范性和实效性。明确项目申报、立项、实施、评估、验收等各个环节的职责和要求，建立健全项目管理制度和操作流程。同时，加强对项目的监督和指导，建立“动员发动—项目申报—中期交流—总结评价—反馈修正”的项目闭环运作机制，不断优化和完善品牌培育过程，确保项目按计划推进，达到预期效果。

### 三、构建党建工作品牌化的保障体系

为确保党建工作品牌化的顺利实施，需要构建一个全面且坚实的保障体系，从组织、队伍、管理和经费四个方面为党建工作品牌化提供支撑。

一是实施“头雁”领航计划，提升党务队伍素质。通过深化校院两级班子成员与党支部的紧密联系、加强党务工作者的能力培训和提升、树立样板支部示范引领，全面提升党务工作队伍的专业素养和工作能力，为党建工作品牌化提供强有力的队伍支持。

二是实施支部目标管理，强化组织建设。通过明确党支部评星定级的目标导向，加强网上 E 支部的建设和管理，运用支部纪实手册实现过程化管理，强化支部书记述职评议的实施效果，全面推动支部的规范化、标准化建设。

三是加强阵地建设，增强品牌影响力。着力打造“线上＋线下”的宣传阵地，充分利用传统媒介、网络和新媒体的广泛传播能力，为党建工作品牌化宣传推广提供强有力的支撑。同时，加强校内外党员教育实践基地建设，综合发挥校外红色基地、校内育人阵地、党员之家等的育人功能，为党建品牌创建提供优质的硬件环境，增强品牌的凝聚力和影响力。

四是加大经费投入，深入推进品牌研究。设立专门的党建工作专项经费、党建品牌创建经费以及党建课题研究经费，为各级党组织开展党建品牌的研究、培育和创建提供充足的经费保障，推动品牌建设、研究的深入发展。

## 第六节　案例分析与启示

山东建筑大学信息与电气工程学院将品牌化理念融入党建工作，找准党建与业务工作融合的切入点，培育“鸿雁”党建品牌，实施“一支部一品牌”，基层党组织的组织力和凝聚力显著增强，学院党委在学校党建工作考核中连年获评优秀。学院在党建品牌化建设方面形成的可复制推广的经验及相关做法被省级

及以上媒体多次报道，为其他党组织进行党建品牌创建提供了借鉴和参考。

## 案例一：培育“鸿雁”党建品牌　以高质量党建引领学院高质量发展

创建独具特色的党建品牌，并通过其示范效应充分展现党建工作的活力与成效，是有效发挥基层党组织战斗堡垒作用的关键途径。这一做法不仅能凝聚党员力量，提升党组织的凝聚力和影响力，还能促进党建工作与高等教育事业的深度融合，为高校的全面发展和人才培养提供坚强保障。自 2021 年以来，山东建筑大学信息与电气工程学院精心培育“鸿雁”党建品牌，立足学院重点工作和立德树人根本任务，构建常态化党员教育体系，切实增强基层党组织的凝聚力、组织力、号召力和战斗力，把党的政治优势、思想优势、组织优势转化为立德树人、铸魂育人的内在动力，以高质量党建引领学院高质量发展。

### （一）目标与思路

山东建筑大学信息与电气工程学院党委坚持党建引领，抓党建促发展，不断加强党组织自身建设，顺利通过首批山东党建工作样板支部、山东高校“双带头人”教师党支部书记工作室培育建设单位验收，获批第二批山东党建工作标杆院系培育创建单位。

学院将品牌化理念融入党建工作，坚持遵循育人规律、服务学生需求、体现知行合一、定位持续发展、便于认知推广的原则，精心进行“鸿雁”党建品牌顶层设计，从内容体系、运行体系、保障体系三个方面，构建起常态化党员教育体系和科学的“党建＋”育人模式，以高质量党建引领学院高质量发展。立足学生成长成才需求和学校、学院重点工作，构建“精品党课库＋‘鸿雁’信电先锋党员示范活动＋‘鸿雁’大学生宣讲团”的内容体系；立足深化效果、可持续发展，在党建品牌建设过程中实施“品牌化运作＋项目化运作”的运行体系，有效提升品牌的实际效果、认知度和美誉度；立足建强组织保障，构建“‘头雁’领航计划＋支部目标管理＋阵地建设＋经费建设”的保障体系，加强基层党组织自身建设，为品牌实施提供强大的组织保障。

### （二）具体做法

1.建设“精品党课库”，乐知善学强信念

在党课内容设计上充分考虑入党积极分子、培养对象、预备党员、正式党员、毕业生党员以及党支部委员、支部书记等的特点，有所侧重地构建课程体系。整合教育资源，采取党组织书记带头上党课、邀请马克思主义学院专家讲党课、组织观看红色影片、参观山东省庆祝中国共产党成立100周年主题展、邀请专家做“思政进课堂”辅导等，建设学院精品党课库。目前，已经建成8门精品党课，信息与电气工程学院物联网工程教研室党支部书记李明的微党课视频《长征精神给我们的启示》在学习强国山东学习平台发布。

2.开展“鸿雁”信电先锋党员示范活动，凸显雁阵效应

将“鸿雁”信电先锋党员示范活动作为凝聚“头雁领航，群雁齐飞”效应的重要举措。每名学生党员从新生教育先锋、思想先锋、科技创新先锋、实践先锋、学业先锋和就业创业先锋等诸多菜单式项目中至少选择1项参加。项目内容设计既充分考虑学院重点工作和学生成长成才需求，又便于自我评价和量化考核。比如，学业先锋任务为：学生党员期末考试所在班级总体不及格率低于9%或者比上学期下降5%；或所在宿舍所有学生学期考试全员通过，不及格率为0；或通过一对一结对帮扶一名学业困难学生，助力学业困难学生学期考试不及格门次比上学期减少2门及以上。采取项目化运作，建立“动员发动—项目申报—中期交流—总结评价—反馈修正”的项目闭环运作机制，保证活动效果。2021年，学生党员共帮助92名学生减少了期末考试的不及格门次，有4人选择担任新生辅导员助理，12人组队参加科技竞赛和社会实践活动，71人选择帮扶同学就业，树立了党员先锋形象，带动了学生整体素质的提高。

3.打造“鸿雁”大学生宣讲团，大学生讲述自己的思政课

以学生党员为骨干，吸收在理论学习、志愿服务、社会实践等各方面表现突出的入党积极分子组建“鸿雁”大学生宣讲团，以青年人的视角阐述使命，以青年人的声音引领担当，以青年人的故事激励奋进。宣讲团精心组织宣讲内容，在党员教育、团员教育、励志教育中发挥了重要作用。宣讲团还利用暑期组建实践团，走进济南解放阁、泰安徂徕山、临沂九间棚等红色基地，讲述革命故事，将理论宣讲带入乡村田间、街道社区，录制大学生自己讲述的思政课，形成《义起徂徕——抗战卫山东》等宣讲视频，坚定传播青春正能量，获评山东省优秀社会实践团队。

### （三）取得的成效

1.切实增强党性观念，有力构建常态化党员教育机制

“鸿雁”党建品牌以党员为参与主体，在相当长的时间内开展理论学习、示

范带动和帮扶工作。通过建设精品党课库，提升党员教育效果；通过开展“鸿雁”信电先锋党员示范活动，学生党员主动认领项目，在近一年的时间里努力提升自身素质、带动和帮扶同学；“鸿雁”大学生宣讲团面向青年学生宣讲理论，分享个人的成长心得。通过开展这些常态化党员教育活动，切实增强了党员的党性观念。广大党员立足岗位做贡献，1人担任省派第一书记，3人获评山东高校辅导员年度人物、山东省“十佳好军嫂”、山东省优秀科技工作者，7人获评学校“卓越教学奖”“卓越科研奖”“十佳教师”“十佳辅导员”；建议报告获山东省委主要领导批示，获评山东省人民政府决策咨询奖一等奖。

2.切实增强宗旨意识，有力推动“我为群众办实事”走实走深

“鸿雁”党建品牌始终以学生为本，坚持需求导向，发挥党员作用，解决学生实际困难，如在“鸿雁”信电先锋党员示范活动中，选择认领学业先锋，带领一个班级、一个宿舍或一名学业困难学生提高学习成绩，帮助学业困难学生迎头赶上；选择认领就业创业先锋，帮助就业困难毕业生落实就业岗位，用行动践行“全心全意为人民服务”宗旨。

3.切实助推学院重点工作，有力带动师生整体素质提高

“鸿雁”党建品牌立足学院重点工作，有力助推学院思想引领、教学科研、学风建设、创新实践、学生就业等工作开展，提高师生整体素质。2021年以来，控制科学与工程学科获批山东省博士点精准培育项目；2个专业分别获批国家级、省级一流本科专业建设点；大学生科技创新创业协会入选全国高校百强学生社团；学院毕业生签约率比上年提升3%，在学校就业评估中总评第一，学院获评校就业工作先进单位、突出贡献奖、就业创业教育先进单位及学校优秀单位。

4.切实发挥品牌效应，有力凸显思政育人的引领作用

“鸿雁”党建品牌效应逐步凸显，唱响了党的声音，树立了党员先锋形象，品牌美誉度和学校师生对品牌的知晓率大幅提升，“鸿雁”党建品牌在思想政治教育工作中的引领作用日益凸显。相关做法先后被学习强国、新华社、半月谈、大众日报等媒体报道30余次。

**启示：**山东建筑大学信息与电气工程学院坚持抓党建促发展，将品牌化理念融入党建工作，在学院层面精心培育“鸿雁”党建品牌，注重加强党建品牌的顶层设计，立足学院重点工作和立德树人根本任务，构建“精品党课库+‘鸿雁’信电先锋党员示范活动+‘鸿雁’大学生宣讲团”常态化党员教育体系。“鸿雁”

寓意发挥党员先锋模范作用，实现“头雁领航”，带动“群雁齐飞”。品牌实施项目化运作，形成完整的项目运作闭环，确保实现预期效果。品牌的评价指标便于党员自我评价和党组织考核，为学院党委开展先优表彰和使用评价结果提供了便利。“鸿雁”党建品牌自创建以来，有效提升了党员教育的实际效果，激发了党建工作的创造力。广大党员立足岗位当先锋、做贡献，有力带动了师生整体素质提高，切实增强了基层党组织的组织力、凝聚力和影响力，推动了党建工作与业务工作的深度融合，将学院党建发展的软实力转化为推动学院高质量发展的硬支撑。“鸿雁”党建品牌创建的经验做法在校内外得到广泛传播和推广，品牌创建的研究成果获评山东省教育系统2022年度党建研究课题优秀成果二等奖。“鸿雁”党建品牌在师生中树立了党员的先锋形象，已经成为山东建筑大学拥有较高的知晓率和美誉度的品牌。

## 案例二：培育“信”品牌，打造富有学院特色的廉洁文化

山东建筑大学信息与电气工程学院自2022年以来，精心培育“信”品牌，弘扬“信”文化，构建富有学院特色的廉洁文化体系，在师生中厚植廉洁文化，保障和推动各项事业高质量发展。

### 用一方印章承载“信”文化

“印者，信也”，“印”寓意诚实守信。学院持续为教职工和即将远航的毕业生赠送刻有“清风筑梦　信达天下”的个人印章。印章配有院徽的内雕，章体部分刻有“清风筑梦　信达天下”字样，章底隶书纵横有度、道道情深，镌刻每名毕业生的姓名。水晶透明，象征高尚纯洁，品质坚硬，象征刚强坚贞，立方柱体寓意直内方外。印章承载着学院“以印传情”的嘱托，与“信”文化品牌不谋而合。

方寸承情怀，薪火相传继。信电人携一方印章，抱诚守真，望印常忆母校期许，积极弘扬“信”文化，把崇德尚廉内化为自觉行动，践行“清风筑梦　信达天下”的承诺。两袖清风筑梦前行，胸怀诚信兼济天下。

### 校园文化浸润涵养“信”文化

学院注重发挥校园文化浸润功能，面向师生精心开展常态化纪律教育，使铁的纪律成为师生的自觉遵循。学生自创《廉洁家风》快板书，拍摄廉洁文化微电影，以多种方式讲述拾金不昧、诚信考试等身边事，展现大学里常见的廉洁小

故事。微电影《清莲》在学校“青莲”廉洁书画、文创设计比赛中获得一等奖。在入党积极分子党课上，全体人员一起观看了学生团队创作的微电影《廉》，该活动同时在学院党建专题网页廉政栏目进行展播，扩大了廉洁文化育人覆盖面。

学院充分发挥景观育人作用，在师生和校友的共同努力下，“智慧苑”绿化景观于 2023 年 5 月竣工，成为信息与电气工程学院的党员教育基地、劳动育人基地、爱校荣校教育基地，成为山东建筑大学校园一道亮丽的风景。“清风筑梦　信达天下”这八个字，作为参与捐赠的校友嘱托，被镌刻在“智慧苑”，见证着校友们相遇建大、建筑梦想、植廉于心、践廉于行的情怀。

### 从中华优秀传统文化中汲取廉洁养分

学院注重用中华优秀传统文化涵养清廉精神。学院发挥讲坛育人功能，邀请第十四届全国人大代表、山东大学儒学高等研究院特聘教授杨朝明做客山东建筑大学第 80 期筑基讲坛，对“礼”与“理”、学以成人、大人之学、“道”与“德”等儒学经典思想进行了深入浅出的讲解，强调了中华优秀传统文化的当代价值和现实意义。

学生社团国学社获评全国优秀大学生国学社团，辅导员张辉长期担任指导教师，志愿为青年学生循环讲授《大学》《论语》等文化经典，有力提升了大学生中华优秀传统文化修养。基于长期实践，张辉等主编了《中华美德故事精选》，将中华优秀传统文化教育和当代青年学生的思想政治教育结合起来开展教学，其中的诚信篇、明礼篇和守法篇从社会道德层面为青年学生呈现了作为一名社会人应该怎样诚信做人和遵纪守法。

### 红色实践传承党的廉洁基因

“焦裕禄短暂的一生在共和国的天空中月明如昼，凝练为亲民爱民、艰苦奋斗、科学求实、迎难而上、无私奉献的焦裕禄精神”，“鸿雁”大学生宣讲团成员在录制《一面镜子——人民公仆焦裕禄》微视频时讲解道。宣讲团每年开展暑期“讲好山东故事，传承红色基因”实践活动，先后寻访山东 16 地市红色基地，制作红色研学路线漫画图，记录地方特色红色革命文化，录制 18 期行走的思政课，宣传优秀共产党员的传奇奋斗故事，传播艰苦奋斗、坚韧不拔的革命精神。

“鸿雁”大学生宣讲团在学校筑基会堂开展了一场以“讲好红色故事，对话青春力量”为主题的宣讲活动，近 500 名信电学子聆听宣讲，以有温度的“青春故事”和有力度的“青春号召”让党的廉洁基因在青年学生心中生根发芽、开花结果。

### 毕业生教育植廉于心、践廉于行

坚守廉洁初心，才能行稳人生之路。学院紧抓毕业生入职前重要关口，带领毕业生观看廉洁教育视频，强化廉洁从业理念；开展廉洁主题党日活动，厚植崇廉尚洁基因；开展集体廉洁宣誓，坚定廉洁从业意志；签署廉洁从业承诺书，助力走稳从业之路，帮助毕业生扣好进入职场旅程前廉洁自律的“第一粒扣子”。在“美好人生，廉洁同行”主题党日活动中，毕业生党员们重忆入党初心，纷纷表示将坚定理想信念，筑牢廉洁从业思想道德防线，用清廉正气铸就美好人生，为祖国发展贡献力量。

清风扬劲帆，廉洁促发展。学院廉洁文化建设不断走深走实，有力保障和推动了各项事业高质量发展。2022 年 8 月 26 日，齐鲁网以《山东建筑大学：厚植廉洁文化　促进高质量发展》为题对学院廉洁文化建设给予了报道。2023 年 7 月 6 日，大众日报以《精心培育“信”品牌》为题进行了报道。

信息与电气工程学院师生持有的“清风筑梦　信达天下”个人印章

**启示：**山东建筑大学信息与电气工程学院党委高度重视廉洁文化建设，基于学院自身实际，培育“信”品牌，打造富有学院特色的廉洁文化。在顶层设计上，学院选择用廉洁个人印章、校园文化、红色实践、毕业生教育作为“信”品牌的重要载体，实现了用一方印章承载“信”文化，用校园文化浸润涵养“信”文化，从中华优秀传统文化中汲取廉洁养分，在红色实践中传承党的廉洁基因，将毕业生教育植廉于心、践廉于行。学院持续为教职工和即将远航的毕业生赠送刻有“清风筑梦　信达天下”的个人印章，用印章承载学院“以印传情”的嘱托，激励每个信电人践行“清风筑梦　信达天下”的承诺，两袖清风筑梦前行，胸怀诚信兼济天下。学院面向师生精心开展常态化纪律教育，注重用好国学经典、红色基地等鲜活教材，抓住毕业生教育的关键节点，依托廉洁文化多元阵地，充分发挥学院国学社社团和“鸿雁”大学生宣讲团的作用，积极探索廉洁教育的新途径、新方法，用师生喜闻乐见的方式线上线下并重增强廉洁文化的辐射力，让廉洁教育入脑入心。学院连续多年获评山东建筑大学纪检监察工作先进单位，相关做法得到了校内外多家媒体的报道。

## 案例三：山东建筑大学信息与电气工程学院“一支部一品牌”创建实施

为进一步建设过硬党支部，推进党支部标准化、规范化、科学化，着力打造一批有分量、有亮点、可推广的党建品牌，进一步提升党支部的凝聚力、组织力和影响力，促进党建与业务深度融合，做好“全省党建工作标杆院系”建设工作，经研究，山东建筑大学信息与电气工程学院决定开展基层党建品牌创建工作。

### （一）指导思想

以习近平新时代中国特色社会主义思想为指导，认真贯彻落实新时代党的建设总要求和新时代党的组织路线，贯彻党的教育方针，落实立德树人根本任务，紧紧围绕学院中心工作，认真总结凝练近年来党建工作特色，秉持凸显特色优势、精心培育特色党建品牌、致力于服务学科内涵发展的工作理念，不断推动党建工作与学科建设深度融合，以彰显党建的独特价值和引领作用。按照具有标志性的品牌名称、符合学院和师生发展需求、依托知行合一载体、有明显创建成效、项目可持续发展的要求精准发力，创建一批品牌叫得响、主题内涵深、经验可推广、群众反响好的基层党建工作品牌，为学院高质量发展提供坚强的组织保证。

### （二）创建主体

创建基层党建品牌工作在各党支部具体组织下开展，各党支部需申报 1 个党建品牌培育项目。

### （三）创建标准

第一，具有标志性的品牌名称。品牌名称涵盖主题内涵，突出党建工作特色和着力点，简短有力，易懂易记。

第二，符合学院和师生发展需求。品牌创建定位准确、理念先进、基础扎实，立足学院重点工作、教师成长和学生成才等方面，体现先进性和时代性。

第三，依托知行合一载体。设计项目载体时注重“知”与“行”结合，通过开展既满足学习提升需求又被广泛认同的主题活动，提升活动的吸引力、感染力，保障项目效果。

第四，有明显创建成效。党员的参与度高，创建项目的覆盖面高，党员作用发挥好，推动工作效果好，具有示范引领和辐射带动作用，受到师生欢迎和认可。

第五，项目可持续发展。品牌创建项目应为能够长期发展、持续推进的项目，党支部要有创建党建品牌的长期规划、年度计划和具体措施，抓长、抓细、抓常，实现项目的升华。

### （四）工作安排

1.组织申报阶段（2022 年 10 月）

各党支部积极开展、深入宣传发动工作，以推动党建品牌活动的创建，确保党员干部对活动的目的和意义有清晰的认识，深入了解党建品牌的内涵和特征，从而激发大家的参与热情，共同为打造具有鲜明特色的党建品牌贡献力量。发动党员积极投入党支部党建品牌创建中，认真制订党建品牌创建工作方案，并填报信息与电气工程学院“一支部一品牌”创建申报表。

2.培育创建阶段（2022 年 11 月～2023 年 4 月）

各党支部重点抓好品牌培育、宣传推广、品牌服务三项工作。

（1）品牌培育。按照创建活动的整体部署安排和制定的方案措施，认真组织实施，精心打造培育，丰富、完善品牌内涵。

（2）宣传推广。为了加大党建品牌的宣传推介力度，通过多种渠道让广大党员深入熟悉、全面了解该品牌，从而进一步塑造其品牌形象，并扩大其影响力。在此过程中，尤其注重发挥品牌的引导、激励、示范和带动效应，以推动党建工作不断向前发展，并激发全体党员和师生的积极性和创造力。

(3)品牌服务。以党建品牌创建为重要契机,致力于实现党建与发展相互促进的良性循环。通过党建工作推动学院各项事业的蓬勃发展,同时借助学院的发展成果进一步丰富和强化党建工作。在此过程中,尤其注重增强党员服务师生的意识,积极推进作风建设,确保中心工作、重点工作得到有效落实。最终,使党建品牌创建成为推动学院发展的强大助力,以及服务师生、温暖人心的暖心工程。

3.评估验收阶段(2023 年 4 月)

各党支部于 2023 年 4 月底前提交品牌创建成果报告。体例统一按照品牌名称、创建背景、品牌内涵、主要举措、取得成效五个部分进行撰写,字数应控制在 3000 字以内,并附 3～5 张工作照片及简要注释。

### (五)工作要求

1.立足支部实际,明确品牌定位

教师党支部和学生党支部要立足实际,找准党建工作与业务工作深度融合的切入点,明确党建工作创新点,找准品牌的具体定位。教师党支部应侧重把品牌创建工作与人才培养、学科建设、课程思政、社会服务有机结合。学生党支部应侧重把品牌创建工作与思想政治教育、科技创新、志愿服务、社会实践、文化建设等有机结合。

2.做好长远规划,落实创建举措

各党支部要在找准党建品牌定位的基础上,认真制定党建品牌创建规划和年度工作举措,推进党建品牌创建有序开展。

3.强化统筹推动,落实创建责任

各党支部要切实担起党建品牌创建工作的主体责任,明确创立党建品牌的具体任务,强化统筹部署,将党建品牌创建工作纳入基层党建重要日程,细化到基层党建日常工作中。

**附件 1**

**信息与电气工程学院“一支部一品牌”创建申报表**

| 党支部名称 | | | |
|---|---|---|---|
| 品牌名称 | | 品牌实施负责人 | |
| 品牌简介 | | | |
| 创建措施及步骤 | | | |
| 预期成效 | | | |

支部意见：

支部书记签字：

年　月　日

**附件 2**

**山东建筑大学 2022 年信息与电气工程学院“一支部一品牌”立项统计表**

| 序号 | 培育品牌名称 | 所属支部 | 项目负责人 |
|---|---|---|---|
| 1 | “头雁”党建联建品牌 | 院直党支部 | 程加亭 |
| 2 | 党徽闪耀“四驱”助教促学 | 电工学教研室与电工电子实验中心党支部 | 吴延荣<br>宋群 |
| 3 | “星光课堂”课后教学服务 | 电气专业基础教研室党支部 | 石国萍 |
| 4 | 温故竞新、育电气英才 | 电气工程及其自动化教研室党支部 | 石嘉川 |
| 5 | 以赛促教，以赛促学 | 通信工程教研室党支部 | 马路娟 |
| 6 | “星火”电子信息沙龙 | 电子信息工程教研室党支部 | 辛征 |
| 7 | 立足班主任，发挥党员模范作用 | 建筑电气与智能化教研室党支部 | 张汉元 |
| 8 | 校政行企党建合创协同育人 | 物联网工程教研室党支部 | 李明 |
| 9 | “鸿雁”大学生宣讲团朋辈育人模式 | 本科生第一党支部 | 王欣磊 |
| 10 | 鸿雁“三原色”党员志愿服务 | 本科生第二党支部 | 王冰 |
| 11 | “知行合一”社区实践与志愿服务 | 本科生第三党支部 | 侯振华 |
| 12 | “鸿雁”红色经典分享会 | 本科生第四党支部 | 赵明聪 |
| 13 | “鸿雁”科创红 | 本科生第五党支部 | 张曼琦 |
| 14 | “鸿雁同行”本硕联动学业提升行动 | 研究生第一党支部 | 庄园 |
| 15 | “筑基强能”党建联建品牌 | 研究生第二党支部 | 孙玉冰 |

**启示**：山东建筑大学信息与电气工程学院党委高度重视党支部的规范化和品牌化建设，实施“一支部一品牌”，着力打造一批有分量、有亮点、可推广的支部党建品牌，全面建设过硬党支部，进一步增强党支部的战斗堡垒作用和党员先锋模范作用。学院制订“一支部一品牌”创建实施方案，各教工党支部品牌创建主要围绕教育教学、学生培养、党建联建等方面，结合实际工作和党支部特

点，策划开展“温故竞新、育电气英才”“以赛促教，以赛促学”“课后教学服务”“校政行企党建合创协同育人”等活动。各学生党支部侧重把品牌创建工作与思想政治教育、科技创新、志愿服务、社会实践、文化建设等有机结合，开展“鸿雁”红色经典分享会、鸿雁“三原色”党员志愿服务、“鸿雁”科创红等活动。各党支部党建品牌创建均以实现高质量党建为目标，紧密围绕党支部自身特点，结合专业、发挥优势，找准党建工作与业务工作深度融合的切入点，具有鲜明特色和较强可执行性，有力提升了基层党组织的组织力和凝聚力。“一支部一品牌”的实施，丰富了党建品牌的创建内容，探索出了充分发挥基层党支部战斗堡垒作用的新方法、新模式。

## 案例四：党建引领聚合力，踔厉奋发向未来——山东建筑大学信息与电气工程学院山东党建工作标杆院系创建纪实

山东建筑大学信息与电气工程学院始创于1964年，依托学校行业综合优势，形成了鲜明办学特色。学院党委获评山东教育系统先进基层党组织。2022年信息与电气工程学院入选第二批山东党建工作标杆院系培育创建单位，对照“五个到位”创建标准，有力提升学院党建工作水平。

### （一）落实管党治党责任，党组织领导和运行机制到位

学院党委压实全面从严治党主体责任，严格执行学院议事规定。坚决落实上级决策部署，服务山东发展战略，涌现出一批服务绿色“双碳”的科研项目。2023年，圆满完成136名学生首批搬迁烟台基地的任务。辅导员李嘉麒挂职第一书记。班子分工明确，推动落实工作有力。全院团结奋进，学生运动会实现“八连冠”，2023年获得教工运动会、学生运动会总分“双第一”。

### （二）实施政治筑基工程，政治把关作用到位

严格落实意识形态工作责任制。对教师引进、课程建设、教材选用、论坛报告等严把政治关。加强阵地建设管理，建设“全媒体中心＋‘智慧人生’文化长廊＋‘鸿雁’党建书吧＋‘智慧苑’绿化景观”的立体式党建阵地：全媒体中心充分发挥网络育人功能；“鸿雁”党建书吧成为集党员教育、党建宣传、师生交流于一体的育人阵地；“智慧人生”文化长廊集中展示学院发展成果；党员师生、校友合力建设的“智慧苑”绿化景观，成为党员教育基地、劳动育人基地和爱校荣校

教育基地,“雪山耕读”智慧苑劳动实践获评山东省高校劳动教育典型项目。做强正向舆论,新华网、光明网、学习强国、大众日报等对学院党建工作进行了报道。

### (三)实施思想铸魂工程,思想政治工作到位

加强理论武装,用习近平新时代中国特色社会主义思想凝心铸魂。注重抓好个人自学、党课、专家辅导,采取中心组学习、教职工政治理论学习、党支部学习等形式,筑牢师生理想信念。第十四届全国人大代表、山东大学儒学高等研究院特聘教授杨朝明做客筑基讲坛,解读文化自信与文化强国。加强党性教育,组织党员赴山东原山艰苦创业教育基地、淄博焦裕禄纪念馆、中共山东早期历史纪念馆等红色基地开展现场教育,组织党员到学校红色邮品主题展、“青莲”廉洁书画作品展、红色影视基地等校内育人阵地参观学习,进一步筑牢其党性根基。构建“三全育人”机制,构建党政干部、辅导员、班主任、家长、学业导师、校友、企业家协同育人机制,充分发挥协同育人作用。加强课程思政建设,对每门课程进行课程思政方案设计,其中 1 门课程获评山东省课程思政示范课。培育“智慧人生”品牌,体现科技智慧和人文智慧。大学生科技创新创业协会获评全国高校百强学生社团。以中华优秀传统文化铸魂育人,打造“四位一体”国学育人新模式。

### (四)实施组织固本工程,基层组织制度执行到位

扎实开展习近平新时代中国特色社会主义思想主题教育,推进党史学习教育常态化,学习强国对经验做法进行了报道。加强师生党支部工作指导,密切联系师生,落实班子成员联系教研室、党支部、入党积极分子、高层次人才制度。

加强党建规范化建设,优化党支部设置,以党支部评星定级、支部书记述职、“双带头人”培育工程为抓手,实施目标管理。“双带头人”党支部书记作用凸显,李明获评优秀省人大代表建议、山东省人民政府决策咨询奖一等奖,辛征获评中国电力创新奖二等奖,张汉元主持山东省高等学校“青创团队计划”团队,马路娟获评山东省青年教师讲课比赛三等奖。

培育“鸿雁”党建品牌,构建“精品党课库+‘鸿雁’信电先锋党员示范活动+‘鸿雁’大学生宣讲团”的育人模式。以品牌创建燃动立德树人“红色引擎”。建设精品党课库,在学习强国发布 2 门微党课。全体党员参加“鸿雁”信电先锋

党员示范活动，带动师生整体素质提升。“鸿雁”大学生宣讲团传播青春正能量，获评山东省“三下乡”社会实践优秀服务团队。实施“一支部一品牌”，各党支部找准党建工作与业务工作融合的切入点，有力提升基层党组织的组织力、凝聚力和影响力。党建品牌创建工作先后被省级及以上媒体报道，获评山东省教育系统2022年度党建研究课题优秀成果二等奖。构建廉洁文化教育矩阵，为教职工和毕业生赠送刻有“清风筑梦　信达天下”的个人印章，激励信电人两袖清风筑梦前行，胸怀诚信兼济天下。

广大党员立足岗位做贡献，3人获评山东省“十佳好军嫂”、山东高校辅导员年度人物、山东省优秀科技工作者，7人在学校荣誉体系中获奖。组织建设取得丰硕成果。物联网工程教研室党支部通过首批山东党建工作样板支部、山东高校“双带头人”教师党支部书记工作室培育创建单位验收。本科生第二党支部入选第三批山东党建工作样板支部培育创建单位。

### （五）实施党建领航工程，党建工作与事业发展融合到位

学院强化党建引领，“四大机制”构建党建业务融合发展体系，实现学院各项事业高质量发展。聚焦引领与促进，建立党建工作与业务工作同向发力机制。聚焦专业与品牌，建立专业优势与党建品牌协同机制。聚焦“头雁”与“雁阵”，建立“双带头人”选拔培育作用发挥机制。聚焦合作与共赢，建立科学的党建联建机制，构建“政校行企”党建合创平台。党建工作与业务工作深度融合的经验做法总结《山东建筑大学信息与电气工程学院：“四大机制”构建二级学院党建业务融合发展体系》在学习强国发布，单篇点击量超过56万次。

近三年，学院在学校党建考核中连年优秀，连年获评学校就业工作先进单位，控制科学与工程学科获批山东省博士点精准培育项目，2个专业分别获批国家级、省级一流本科专业建设点，电气工程及其自动化专业通过工程教育认证，学院各项事业实现高质量发展。

新作为，新荣光。信息与电气工程学院将坚持党建引领，锐意进取，科学发展，创造更加美好的明天！

信息与电气工程学院获得 2023 年教工运动会、学生运动会总分“双第一”

信息与电气工程学院参加学校庆祝建党 100 周年教职工合唱比赛

**启示：**山东建筑大学信息与电气工程学院党委对照省级标杆院系培育建设的“五个到位”创建标准，有力提升了学院党建工作水平，持续推进基层党组织规范化和品牌化，在党建品牌化建设、党建工作与业务工作融合发展、廉洁文化建设、立体式党建阵地建设方面形成了可复制、可推广的经验。学院注重夯实党组织自身建设，形成了“1 个省级标杆院系＋2 个省级样板党支部＋1 个省级‘双带头人’教师党支部书记工作室”的“双创”工作体系。持续推进党建工作品牌化，深化“鸿雁”党建品牌，实施“一支部一品牌”，以品牌建设燃动立德树人“红色引擎”。“四大机制”构建党建业务融合发展体系，实现党建工作和业务工作的双融双促。建设“全媒体中心＋‘智慧人生’文化长廊＋‘鸿雁’党建书吧＋‘智慧苑’绿化景观”的立体式党建阵地。培育廉洁文化“信”品牌，营造学院清廉奋进的良好氛围。相关经验做法被学习强国、新华网、光明网等报道，形成了可示范、可推广的经验。

# 第二章　高校党员教育品牌的创建

创建党员教育品牌是提升党员教育质量的重要途径，要深刻领会党员教育品牌创建的重要意义，准确把握党员教育品牌创建的实施路径，总结当前党员教育品牌创建过程中存在的问题，坚持“育人规律、服务师生需求和突出实践性”的原则，构建党员教育品牌的内容体系和运行体系。

## 第一节　高校党员教育品牌创建的价值体现

党员教育工作是我们党开展思想建设的重要组成部分，是党的建设的一项长期性、基础性工作，是全面提升党员素质的必经途径。党员教育是高校党建工作的重要组成部分，也是当前高校党务工作者面临的重要课题。聚焦党员教育成效，必须在内容求“实”和载体求“新”上下功夫，党员教育品牌化建设是实现这一目标的有效路径。党员教育的品牌化聚焦党员教育质量，以教育内容的体系化、教育载体的多样化、教育机制的系统化推动党员教育工作水平的提升。将品牌化理念融入党员教育中，培育创建党员教育品牌，成为破解当前高校党员教育工作瓶颈，提升党建工作科学化水平的有效途径。

### 一、提升党员教育质量是新时代高校党建工作的必然要求

《中国共产党党员教育管理工作条例》明确规定，党员教育管理是党的建设基础性经常性工作。进入新时代，从党中央到基层党组织，围绕党员教育管理工作推出了一系列新的举措，推动形成了全党从严从实抓党员教育管理的良好

态势。高校党员教育要始终坚持以习近平新时代中国特色社会主义思想为指导，规范党员教育管理的内容、方式、程序，结合工作实际，总结吸收实践创新成果，做好新时代党员教育管理工作。

### （一）严格政治标准是提升党员教育质量的前提

党员教育是党组织建设的基石，党员是党组织的一分子，是党组织体系的一个“细胞”。党员素质高，党组织的战斗力强，反之则影响党组织作用的发挥。严格政治标准贯穿于党员教育的全过程，是提升党员教育质量的前提。一是要严把党员发展的入口关。是不是一名合格的党员，必须将政治表现放在第一位。因此在发展党员的过程中，要首先考察其政治觉悟情况，看其是否具有坚定的理想信念和高尚的思想品德，但不能以偏概全，简单地将学习成绩作为合格与否的标准，忽视政治素养和思想品质的要求。二是以行动检验政治素养和思想品质。要注重对党员、入党积极分子的现实表现情况的考察，看其能不能在学习、工作、生活中做出表率，起到模范带头作用，能不能带动同学、帮助同学，全心全意为群众服务，通过作用发挥来检验党员的政治素养和思想品质。

### （二）强化理论武装是提升党员教育质量的基础

政治理论学习扎不扎实，是影响党员队伍纯洁度的重要因素，因此必须高度重视理论武装，把理论学习作为提升党员教育质量的重要途径，通过建设高水平的教育体系确保党员教育的实效。一是要认真学习党章，要把党章规定的内容当作行动标准和指南，以扎实理论修养提升自身对党的宗旨的认识，真正实现在思想上入党。二是要始终将学习贯彻习近平新时代中国特色社会主义思想贯穿党员教育的全过程，紧扣这一首要政治任务统筹好教育规划，设计好教育路径，落实好教育成效。三是要结合高校的特点，发挥教工党员和学生党员的能动性，将理论学习纳入教育管理的全过程，不断创新党员教育的形式，提升党员教育的成效。

### （三）搭建载体平台是提升党员教育质量的保障

提升党员教育质量，一方面要严把政治标准、强化理论武装，另一方面要以丰富的载体来提升教育质量。好的载体是师生党员干事创业的平台，也是服务人民群众的重要渠道，要主动探索提高党员教育质量的新思路、新方法。党员教育的载体形式多种多样，要探索各类教育载体的共性，实现不同载体平台的互动，形成多管齐下的教育格局。通过加强阵地建设，为党员学习教育提供场地等硬件保障，通过加强活动载体的建设，将党员教育融入活动中，激发广大党员勇当时代先锋的热情。载体平台建设丰富了党员教育工作的形式，促进了党员教育工作质量的不断提升。

#### （四）系统化是提升党员教育质量的重要路径

推进党员教育的系统化，形成特色化的党员教育体系，是提升党员教育质量的重要路径。系统化的教育体系让教育有了持续性的源动力，实现了事半功倍的效果。一是要坚持线上和线下结合，实现党员教育的全覆盖。既要开展好理论学习、现场教育等线下活动，又要利用新媒体等技术手段，主动占领网络阵地，实现党员教育的全覆盖。二是要坚持个性与共性结合，实现党员的精准培养。每个党支部覆盖的专业不一样、年级不同，每名党员自身的特点也有差异，这就决定了在集中教育的同时，要坚持个性培养，只有把每名党员的积极性调动起来，作用发挥出来，才能形成高质量的教育体系。三是要坚持分类指导，构建系统化的课程体系。构建入党积极分子、发展对象、党员分类指导的教育体系，从学生入校后的入党启蒙教育开始，通过循序渐进的教育引导，夯实青年学生的理想信念。四是建立常态化党员教育机制，构建党员教育保障体系。建章立制，丰富载体，通过品牌化建设、项目化运作等形式提质增效，实现党员教育常态化与长效化的结合。

### 二、品牌化是提升高校党员教育质量的重要途径

品牌是一种识别标志，同时具有自身的精神象征和特有的价值理念，具有良好的工作品质。将品牌化理念融入高校党员教育，采取项目化运作方式，建立行之有效的常态化党员教育机制，对于提升党员教育效果、发挥党员示范带动效应、激发基层党组织活力都具有很好的促进作用。

#### （一）党员教育品牌化能够提升党员教育的成效

品牌化是党员教育工作做法与经验的凝练升华，是提升党员教育效果的有效路径。一是党员教育品牌以系统化的理念将优质的教育内容、丰富的教育形式融入党员教育工作，这种理论与实践结合的教育模式，使党员教育更加鲜活，

知与行更为统一。二是党员教育品牌能够进一步激发党员的学习和参与热情，有效调动师生的积极性与主动性，从根本上提升教育的实效性和针对性。三是党员教育品牌能够彰显学院特色，形成常态化的机制，将理想信念教育、党性观念教育以及宗旨意识教育等贯穿于日常工作中，实现党建工作与业务工作的相互促进，进一步提升党员教育的成效。

### （二）党员教育品牌是发挥党员作用的有效载体

党员是一面旗帜，是党领导的各项事业的骨干力量，更是高校立德树人的中坚力量，发挥党员作用是动员、引领、组织师生的重要保证。党员教育品牌的创建，使发挥党员作用有了坚实的载体，为发挥党员示范作用提供了机制保障。党员教育品牌化能够激发党员的积极性和主动性，提升党员党建活动的参与性，对提升党员服务群众的主动自觉和能力本领具有良好的促进作用。党员教育品牌注重知行合一，在实践中提升党性修养，在学业、就业、生活等具体工作中做出表率，以示范带动全体师生整体素质的提高。

### （三）创建党员教育品牌能够激发基层党组织活力

在党员教育品牌的创建过程中，广大党员对目标任务更加明确，基层党组织的凝聚力得到极大增强，这个过程实现了基层党组织凝聚力量、总结经验和推动工作的统一。党员教育品牌的创建以及运用，从体制上和制度上激发了基层党组织的活力。一是党员教育品牌化能够增强党组织的凝聚力和号召力。在高校基层党组织确定入党积极分子、发展党员、党员教育管理等环节中，教育都是重要工作内容。只有教育抓好了，党组织的凝聚力才能更加凸显。二是党员教育品牌化能够丰富基层党组织的活动内容和形式，有效增强活动的吸引力，充分激发党组织的活力。三是党员教育品牌能够提升党员教育的成效。在党员教育品牌创建过程中，要注重与工作紧密结合，满足师生的实际需求，引导广大党员将个人的发展追求融入党组织建设的发展大局中，获得党员和群众发自内心的认可和支持。党员教育品牌创建的过程就是基层党组织提升凝聚力、号召力以及组织力的过程。

## 三、高校党员教育品牌化建设的问题聚焦

近年来，随着各高校党建工作水平的提升，党员教育品牌日渐丰富，以品牌

化的理念提升党员教育成效也越来越受到高校重视。各高校因地制宜地开展党员教育品牌创建，取得了很多可借鉴的优秀成果，为党建工作品牌化提供了丰富的实践案例。但在实践过程中，党员教育品牌化建设还存在不平衡和不充分的现象，正确把握这些问题是做好党员教育品牌建设工作的重要条件。

### （一）党员教育的品牌化意识有待加强

基层党组织在推进党员教育的品牌化进程中存在一定程度的误区。一是对品牌化认识不足。对什么是品牌、品牌化有哪些优点、如何开展品牌化建设等问题，还存在认识模糊的现象。二是对党员教育的品牌化认识不足。对品牌和党员教育之间有哪些关联认识不到位，没有将品牌化建设体现在日常工作中，开展党员教育沿用传统的学习、宣讲等形式，缺乏对工作的整体性把握。三是对如何开展党员教育品牌化认识不足。对党员教育工作认识不够透彻，品牌建设缺乏顶层设计，认为党员教育品牌就是要有一个好的名称，没有将品牌化贯穿党员教育的始终，没有充分挖掘已有的资源和载体，削弱了品牌建设的基础，影响了品牌建设的质量。

### （二）党员教育品牌长远规划及顶层设计有待加强

创建品牌需要对党员教育工作有深层次的理解，需要对基层党组织各项工作有良好的把握，只有这样才能做好品牌的顶层设计和长远规划，使品牌更具生命力。在实际工作中，党员教育品牌的规划设计还存在很多不足，主要体现在以下几个方面：一是党员教育品牌的内涵设计不足。师生覆盖面不足，品牌的育人功能还有待进一步加强。特别是针对学生党员群体，要充分考虑大学生思想政治教育工作的特点和学生的实际需求，围绕重点工作，充分结合学科专业的特点，做好品牌的顶层设计工作。二是党员教育品牌的运行机制建设不足。党员教育工作是一项基础性、长期性工作，没有良好的机制很难保证教育的效果，更谈不上工作的系统化、体系化。没有将项目化的机制引入党建品牌建设，没有形成品牌的闭环运作，就难以形成对工作的正确评价，进而会削弱品牌的生命力。三是党员教育品牌的经费建设、阵地建设有待加强。各高校对品牌建设的投入存在不平衡的现象，缺乏品牌创建的基本保障，影响了品牌的创建和党员教育的实效。

### (三)党员教育品牌推广宣传效果不足

品牌的创建过程也是深入推进党员教育工作的过程,让品牌深入党员内心,变“要我学”为“我要学”,必须加大品牌的推广与宣传力度。但在实际工作中,党员教育品牌推广宣传工作还存在不足。一是缺乏品牌的形象设计。形象设计是品牌内涵的延伸,是创建党员教育品牌的重要内容,对品牌的名称、标志、宣传等方面的设计能够促进党员教育品牌的吸引力和美誉度,但在实际工作中,党员教育品牌亮点还不够突出。二是品牌的覆盖面不足。对党员教育的覆盖面设计不够全面,对不同专业、不同年级阶段党员的教育缺乏针对性,品牌的宣传没有做到分层次、分类别、有针对性地开展。三是党员教育品牌的形式还比较陈旧。重实施轻总结,忽视了对品牌的升华,难以形成可推广借鉴的经验。部分高校局限于宣传栏、交流会这些传统的形式,对网络技术、新媒体技术的关注不够、运用不足,从而使党员教育品牌认知度不高,党员教育的成效受到影响。

## 第二节　高校党员教育品牌创建的原则

高校党员教育品牌化建设要充分把握师生的特点,坚持遵循育人规律、服务师生需求、突出实践性的原则,要将品牌建设和服务师生需求紧密结合,在实践中探索党员教育工作特点和规律,把握好品牌化理念融入党员教育的关键点及结合点,构建常态化的党员教育培养体系,培育体现校院特色,可持续发展,备受党员和群众认同、支持、赞许的党员教育品牌。

### 一、遵循育人规律原则

立德树人是高校党员教育品牌建设的出发点,也是党员教育工作的最终目的,因此必须将育人理念贯穿始终,遵循党员教育规律和大学生成长成才规律,只有这样才能培育出有生命力的品牌。一是要紧扣党员教育的时代性,围绕重点工作,紧扣时代主题,以品牌化彰显基层党建的成绩与特色。二是要把握党员教育的规律性。立足教育本身,遵循教育规律,以品牌建设提升教育成效,用先进的教育理论和方法推进品牌的建设,使教育与品牌统一于立德树人这一根本任务中。三是要体现党员教育的先进性，用品牌化的理念、项目化的机制推进党员教育工作，用党的创新理论成果充实品牌的内涵，以具有鲜明特色和灵活形式的设计拓展品牌外延，推进党员教育实效性的整体提高。

## 二、服务师生需求原则

高校党员教育品牌面向师生党员，覆盖全体教师和青年学生，品牌建设只有服务和满足师生的需求，才能成为认可度高的品牌。一是立足提升党性修养为党员铸魂，通过品牌化建设实现政治理论、党的基本知识等教育内容的全面覆盖，用理论武装党员。二是结合教师特点和学生特点实现党员教育的精细化，结合学科特点、专业特点、年级特点设计品牌建设的内容，针对不同阶段党员遇到的问题确定品牌建设的进度，使党员教育工作实现规定内容和特色内容的共同推进。三是增强党员教育品牌化建设的实效性，实现学习与成长的统一。品牌化建设通过内容和形式的精心策划，在铸魂的同时提升党员的综合素质，使党员教育与学生培养充分融合，更好地满足学生成长成才的需求。

## 三、突出实践性原则

做好党员教育，增强党员的党性观念，提升党员的整体素质，是新形势下党员教育工作的重要课题。要充分发挥品牌在实践教育方面的示范性和灵活性，丰富党员教育的内容，突出党员教育的实践性，形成理论学习与实践教育相互补充的教育模式。一是品牌的内容要充实，要源于党员教育的整体规划，品牌聚焦的点要明确，品牌选取的角度要清晰，这是品牌建设的根本，也是品牌生命力的基础。二是品牌要联系实际，要立足学校、学院实际情况，结合专业学科特点，充分考虑工作基础与工作对象的特点，有针对性地设计品牌的内涵与外延。三是要理论联系实践。将党员教育的内容融入品牌的设计，使抽象的理论学习变得更加丰富生动，在潜移默化中实现党员党性观念的提升。要结合学校、学院的实际情况，充分考虑专业特色、学生特点，注重挖掘特色元素，充分利用既有资源，逐步确立品牌。突出党员教育品牌的实践性，是提升党员教育品牌吸引力的重要保障，也是党员教育理论联系实际的必然要求。

## 第三节 高校党员教育品牌创建的策略

从党员教育品牌创建的原则入手，基层党组织要深入研究自身的实际情况，挖掘育人、服务、实践工作中的特点与特色，找到品牌创建的突破点。要形成品牌，必须从党员教育的内容体系着手，聚焦党员教育的重点和难点，挖掘品牌潜力。同时，还要从党员教育的经常性和长期性特点入手，对品牌的运行机制和保障机制进行全方位的设计，以品牌的系统化推进党员教育的系统化。

### 一、高校党员教育品牌内容体系的构建

高校基层党组织要找准品牌与党员教育在内容上的结合点，进行教育形式的多样化设计，促进党员教育品牌的形成。山东建筑大学信息与电气工程学院从精品党课建设、党员主题实践活动、政治理论学习、励志成才教育、党建业务深度融合等方面，以建设精品党课库、组建大学生宣讲团、融入优秀传统文化等为切入点，构建高校党员教育品牌化的内容体系，收到了很好的成效。

#### （一）以建设精品党课库为切入点

党课是开展党员教育、培养入党积极分子的重要途径，同时对于发挥党员先锋模范作用具有重要作用。越来越多的高校党务工作者针对如何构建科学的党课授课体系、提升授课效果等开展研究与实践，并将党课作为党建品牌创建的一个重要领域。以建设精品党课库为切入点培育党建品牌，在授课内容上，既要充分考虑党员、发展对象、入党积极分子等不同授课对象的需要，也要考虑教师、学生层面的不同授课需要，还要考虑普通党员和党务工作者的不同授课需要，做到授课内容根据不同授课对象有所侧重；在授课人员上，要注重整合党组织书记讲党课、党员讲党课、专家学者讲党课、英雄模范讲党课、现场教育等授课资源；在授课方式上，通过精品党课评比、有计划有重点地组织录制精品党课视频等方式，形成一批精品党课，利用学院网站、微信公众号等进行精品党课展播，扩大教育的覆盖面。山东建筑大学信息与电气工程学院在“鸿雁”党建品牌创建过程中，将建设学院精品党课库作为品牌化的主要内容之一，着力构建科学的党课授课体系，同步建设线下精品党课和线上精品党课。2021 年以

来，录制的3门微党课获评学校精品党课，2门微党课在学习强国山东学习平台发布。

### （二）以组建大学生宣讲团为切入点

高校可以组建大学生宣讲团，选拔学生党员作为宣讲团骨干，在入党积极分子中通过报名遴选的方式，吸收在理论学习、专业学习、科技创新、社会实践等方面表现突出的入党积极分子加入宣讲团。大学生宣讲团在校内以青年人的视角阐述使命、引领担当、激励奋进，使党员教育、团员教育、励志成才教育富有感染力和说服力。大学生宣讲团还可以到社区街道、农村、企业开展形式多样的社会实践活动，在社会上传播青春正能量，同时宣讲团成员也可以更好地认识社会、了解社会，实现理论学习与社会实践的统一。山东建筑大学信息与电气工程学院2021年组建“鸿雁”大学生宣讲团，宣讲团在学院层面进行理论宣讲和励志成才宣讲，应邀到班级、团支部进行各类主题宣讲，受到广大青年学生的欢迎。同时，宣讲团利用暑期组建实践团队，打卡红色基地，寻访老党员，记录红色故事，制作红色地图，录制大学生行走的思政课。“鸿雁”大学生宣讲团连续多年获评山东省“三下乡”社会实践优秀服务团队。

### （三）以推进国学育人为切入点

在党员教育中坚定文化自信，实现文化传承，是党员教育的应有之义，融入中华优秀传统文化元素是推动党员教育工作水平提升的重要路径。高校各级党组织应当高度重视将中华优秀传统文化教育融入党员教育，同时发挥党员、入党积极分子的骨干作用，在师生中传承和弘扬中华优秀传统文化。山东建筑大学信息与电气工程学院指导成立学生社团——国学社，国学社以学生党员、入党积极分子为骨干，每年开展传统文化进校园活动，形成了国学经典诵读、国学达人赛、国学小课堂等品牌活动。国学社每年举办学院传统文化节，开展成人礼、射礼等传统礼仪体验活动，学院国学育人成效显著。在党员教育品牌创建过程中，学院充分利用国学育人工作的扎实基础，从中华优秀传统文化中汲取营养，为党员教育赋能。开展中华美德故事分享活动，让党员搜集整理仁、义、礼、智、信五类中华美德故事，在沙龙活动中与同学分享，有效提升党员的党性修养。学生党支部还组织策划“国学下乡”实践活动，开展社会调查、义务支教等活动，在实践中接受教育，在实践中实现传承。

## 二、高校党员教育品牌运行体系的构建

党员教育品牌创建的目的是提升党员教育的成效，因此在创建过程中要紧扣党员教育的主题，贯穿党员教育的全过程，以体系化和系统化的品牌设计形成科学的品牌运行保障体系，推动党员教育工作的体系化和系统化建设。

### （一）完善品牌的组织形式

党员教育品牌要立足党员教育培训的整体规划，以灵活的组织形式使党员教育具有更大的吸引力，让教育过程在时间和空间上得到延伸，让党员教育品牌成为集中培训、集体学习、个人自学等组织形式的重要补充。发挥好品牌实践性强的特点，从《中国共产党党员教育管理工作条例》的七项党员教育基本任务中，选取特定的内容或关键节点设计品牌，突出实践锻炼这一主题，形成更具吸引力的党员教育工作方案。打造理论宣讲、志愿服务、结对帮扶等党员教育品牌，完善品牌的组织形式，以品牌建设提升党员教育工作的规范性和系统性。

### （二）丰富品牌的教育形式

党员教育品牌要实现对理论学习的促进，要在教育形式上采取更加灵活的方式。一是要综合运用好讨论式、互动式、体验式的教育形式，让党员参与其中，激发党员自觉学习的积极性，形成优良的学风。二是探索“课堂＋”的学习模式，充分发挥红色教育基地、党性教育基地等阵地作用，发挥学生组织、学生骨干的作用，增强品牌的吸引力和感召力。三是发挥好党员先锋模范的带头作用，用党员身边的人、身边的事现身说法，引导党员向典型学习、向模范看齐。品牌化丰富的教育形式、学习形式克服了党员教育形式化和表面化的弊端，解决了党员教育过程中学用脱节、空洞说教的问题，是基层党组织加强学风建设的有效路径。

### （三）用好信息化教育手段

信息化建设是品牌建设的重要内容，党员教育经常性和长期性的特点要求党员教育品牌要在时间和空间上具有更为完善的功能，品牌的信息化建设是品牌建设水平的重要标志。一是综合用好党员教育信息化平台，利用好灯塔-党建在线、学习强国等学习平台，建设线上精品党课库，以“支部书记讲党课”“我来

讲党课”等形式提升党课的水平。二是充分发挥线下线上联动互动的优势，探索信息化背景下党员教育的新模式、新路径，提升党员教育的学习成效。三是利用大数据、人工智能等先进的手段，提升分类指导的针对性和党员教育模式的科学性。四是以信息化扩大品牌的影响力，信息化的品牌设计更加生动，形象更加具体，展示更加充分，成为助推党员教育品牌化建设的重要手段。

## 第四节　案例分析与启示

山东建筑大学信息与电气工程学院持续开展品牌视角下的高校党员教育创新研究与实践。“品牌化理念融入高校学生党员教育研究”立项山东建筑大学2022年度党建研究课题（重点项目）。《品牌视角下的高校学生党员教育创新研究》获评山东省教育系统2022年度党建研究课题优秀成果二等奖。学院将品牌化理念融入党员教育工作，培育打造了“鸿雁”大学生宣讲团、精品党课库、红色经典分享会等党建品牌，形成了党员教育长效机制，取得了良好的工作成效。

### 案例一：“鸿雁”大学生宣讲团发出校园最强音

山东建筑大学信息与电气工程学院“鸿雁”大学生宣讲团组建于2021年，是以学生党员为骨干，吸收在理论学习、志愿服务、社会实践等各方面表现突出的入党积极分子组成的大学生理论宣讲团。宣讲团充分发挥朋辈教育优势，以青年人的视角阐述使命，以青年人的声音引领担当，以青年人的故事激励奋进，讲好中国故事，分享成长故事，引领学生明大德、成大才、担大任。“鸿雁”大学生宣讲团的建设，有力推动了“我为群众办实事”走深走实，使党员教育工作有了切入点和落脚点，起到了良好的实践效果。宣讲团连续多年获评山东省“三下乡”社会实践优秀服务团队，其经验做法被学习强国、大众网、中国青年网等多家媒体、平台报道。

#### （一）以“小宣讲”阐释“大道理”

以学生党支部为主体，发挥党建带团建的有力带动作用，从内容体系、运行体系、保障体系三个方面开展“鸿雁”大学生宣讲团建设，构建常态化宣讲体系，以学生身边事诠释责任与担当，带动思想引领、实践育人、创新创业等工作不断提升。宣讲团精心设计宣讲内容，将“天下事”讲成“身边事”，将“书面语”讲成“知心话”，在党员教育、团员教育、励志教育中发挥了重要作用。宣讲团根据不同受众，设计面向各党支部、团支部以及不同学生组织的宣讲方案，形成“做忠诚、干净、担当的团干部”“81小铁匠的实习故事”“我眼中的智能车”“情系家乡，报效桑梓”“志愿服务、青春报到”等30余个典型宣讲案例，从不同维度鼓励青年学生主动作为，做信念坚定、作风扎实的新时代大学生。宣讲团成员在宣讲中迅速成长，在学习、工作、生活等方面做出了表率，其中两名学生党员担任校团委兼职副书记，三名学生担任校学生会、研究生会主席团成员，学院学生会、研究生会连年获评校级优秀学生组织荣誉称号。

### （二）以“小课堂”推进“大实践”

坚持为党育人、为国育才的初心使命，聚焦思想政治引领工作，突出理想信念教育，指导宣讲团紧密结合实践育人设计宣讲内容，把理论学习内容融入丰富多彩的社会实践中，以小切口、小活动撬动广阔的实践大课堂。学院将“鸿雁”宣讲品牌融入青鸟计划，有7名学生担任山东各地市“青鸟站长”，“鸿雁”大学生宣讲团走进乡村田间、街道社区、校园课堂、企业车间、机关单位，体验基层工作的苦与乐，在实践中受锻炼长才干。宣讲团联系省派第一书记驻地，两赴乐陵市开展社会实践，开展科普讲座、寻访老党员、走进“科技小院”等活动十余场。2021年起，宣讲团组织“讲好山东故事，传承红色基因”暑期大学生社会实践团，走进济南解放阁、泰安徂徕山、临沂九间棚、滨州大马峪村、潍坊潍县战役纪念馆、菏泽冀鲁豫边区革命纪念馆等14个红色基地，追寻红色记忆，讲述革命故事，录制《两袖清风——干部楷模孔繁森》《渔火耀千秋，铁道存英魂》等18期行走的思政课视频，视频时长合计100分钟。《助力乡村振兴，情系黄河滩区》获评省级优秀社会实践调研报告。

### （三）以“小创新”激发“大活力”

以“鸿雁”大学生宣讲团为基础，学院打造知行合一的“鸿雁”品牌，探索思想政治教育工作的新形式、新载体，形成了“鸿雁”信电先锋党员示范活动、“鸿雁”党建书吧、“鸿雁”读书会等系列品牌矩阵，通过品牌化构建常态化、长效化机制，以品牌建设引领带动大学生思政教育工作不断提升。宣讲团原创以学党史、讲廉洁、树家风、防溺水、防诈骗为主题的天津快板书，录制《南泥湾》《强国一代有我在》等风格活泼、形式新颖的系列红色文创作品。宣讲团以“讲好山东故事”为主题搜集整理山东各地市的中华美德故事，编写出版著作《中华美德故事精选》。宣讲团成员根据实践经历，创作原创同名歌曲《红焰》，作品在中国青年网呈现，引起众多网友的关注。宣讲团组织的活动得到了中国青年网、大众日报、闪电新闻等媒体平台多次报道。

“鸿雁”领航，以身边事、学生事触动学生的心灵，以参与式、沉浸式激发学生参与理论学习的热情，为党员教育和思想政治教育工作注入了活力和动力。经过建设，如今“鸿雁”大学生宣讲团已经成为校园传播正能量的重要平台和党员教育的重要阵地。总结“鸿雁”品牌的建设经验，学院申报“品牌化理念融入高校学生党员教育研究”“新时代党的思想主张在大学生中的有效传播路径研究”等省级校级课题 6 项，发表论文 4 篇。

**启示：**组建宣讲团是高校党员教育工作中很好的教育形式，如何把宣讲团打造成品牌、怎样设计宣讲团的宣讲内容、如何使宣讲团具备良好运行机制，这些都是在宣讲团建设中遇到的问题。山东建筑大学信息与电气工程学院以“鸿雁”命名宣讲团，品牌立意明确，在内容体系上紧密结合实践育人工作，在运行体系上充分发挥党员、团员的创新创造力，激发了学生的参与热情，提高了品牌的吸引力，从而使党员教育和党员作用发挥实现了有机统一。常态化宣讲体系形成了品牌运行的闭环，使品牌具有较强生命力。

## 案例二：长征精神给我们的启示[①]

大家好！我是李明，是山东建筑大学的一名教师，也是一名党支部书记。今天，这堂微党课，我要和大家一起分享长征精神给我们的启示。

在江西赣州，于都河畔，中央红军长征出发纪念碑巍然矗立。1934 年 10 月，第五次反“围剿”失败，为摆脱国民党军队的包围追击，中央红军被迫实行战略性转移，8.6 万余名红军主力集结于都，长驱二万五千里，于两年后在甘肃会宁胜利会师。

① 山东建筑大学信息与电气工程学院物联网工程教研室党支部是首批山东党建工作样板支部和山东高校“双带头人”教师党支部书记工作室培育创建单位，现已通过验收。本案例为党支部书记李明的微党课《长征精神给我们的启示》，视频已在学习强国山东学习平台发布。

长征路上，英雄的红军面对生死存亡的严峻考验，他们血战湘江，四渡赤水；他们巧渡金沙江，强渡大渡河；他们飞夺泸定桥，鏖战独树镇；他们勇克包座，转战乌蒙山；击退上百万穷凶极恶的追兵阻敌，攀越40余座高山险峰，穿越渺无人烟的沼泽草地，纵横十余省，投入战役战斗600余次……据不完全统计，长征路上，平均每300米就有一名红军战士壮烈牺牲。

长征，历时之长、规模之大、行程之难、环境之险恶、战斗之惨烈，史无前例，空前绝后。

在纪念红军长征胜利80周年大会上，习近平总书记指出："长征的胜利，靠的是红军将士压倒一切敌人而不被任何敌人所压倒、征服一切困难而不被任何困难所征服的英雄气概和革命精神。"①

而今，让人铭记于心的，是习近平总书记所讲的，"长征永远在路上。一个不记得来路的民族，是没有出路的民族。不论我们的事业发展到哪一步，不论我们取得了多大成就，我们都要大力弘扬伟大长征精神，在新的长征路上继续奋勇前进"②。

学习长征精神，是为了更好地践行长征精神。作为一名党支部书记，我要和全体老师一道：发扬长征精神，坚定理想信念，全面贯彻党的教育方针，落实立德树人根本任务；发扬长征精神，攻坚克难，创新技术，提高研发能力；发扬长征精神，坚持实事求是，紧紧抓住物联网工程作为"十四五"期间我国数字经济七大重点产业的发展契机，脚踏实地地推进产学研一体化教研模式，完善专业人才与社会发展需求相适应的培养机制，真正服务于我国经济社会发展。

我相信，只要我们始终铭记习近平总书记的殷殷嘱托，坚持发扬长征精神，团结一心，接续奋斗，就一定能够走好我们新时代的长征路，就一定能够实现中华民族伟大复兴的中国梦。

学史明理、学史增信、学史崇德、学史力行，祝愿大家通过党史学习教育，在思想和工作中，不断实现"学党史、悟思想、办实事、开新局"的学习目标。

同志们，以上就是这堂微党课我与大家分享的学习内容。谢谢大家！

① 习近平：《在纪念红军长征胜利80周年大会上的讲话》，人民出版社2016年版，第4页。

② 习近平：《在纪念红军长征胜利80周年大会上的讲话》，人民出版社2016年版，第11页。

**启示:**党课是党员教育的基本形式,提升党课教育的成效是党员教育工作的重要课题。微党课是适应当前网络化发展形势,深受广大党员欢迎的一种党课形式。微党课通常是利用较短的时间,讲述内容更加精练,学习时间安排更为灵活。微党课依靠现代信息技术,通过简洁明了的内容,提高学习者的学习效果和参与度。微党课还有利于形成个性化学习模式,以个体需求和兴趣为出发点,设计具有针对性的学习内容和方式。这种个性化的学习模式可以为其他领域的学习提供借鉴,使学习更贴近个体需求,学习效果更为突出。

## 案例三:加快建设科技强国,实现高水平科技自立自强①

大家好!今天,这堂微党课,我想和大家一起来交流一下关于建设科技强国与科技自立自强的话题。

党的二十大报告强调,坚持创新在我国现代化建设全局中的核心地位,加快实现高水平科技自立自强,加快建设科技强国,并对完善科技创新体系、加快实施创新驱动发展战略等做出专门部署,这是以习近平同志为核心的党中央立足当前、着眼长远、把握大势,有效应对风险挑战,确保实现新时代新征程党的历史使命而做出的重大战略抉择,充分彰显了坚定不移走中国特色自主创新道路的决心和信心,为新时代科技发展指明了方向。

科技自立自强是关系国家安全和根本利益的"国之大者"。我们应当科学研判国际科技创新竞争态势和国内外发展形势,深刻领会科技自立自强是国家强盛之基、安全之要,领会加快科技自立自强是确保国内大循环畅通、塑造我国在国际大循环中新优势的关键,领会高水平科技自立自强的重大战略意义和全局意义。

进入新时代,我国的科技创新事业得到高速、高质量发展,自主创新成为发展的主旋律。我国科技创新事业在各方面取得重大突破,实现了科技创新格局性的变化。国家在政策层面重视科技创新,出台了一系列鼓励政策支持创新,科技工作者受到越来越多人的尊重,越来越多的组织、机构加大对科技创新的投入,特别是在科技前沿成果、民生经济、国家重大战略需求、人民健康事业等方面,创新成果不断涌现,国家科技实力有了突飞猛进的提升,科技自立自强的

---

① 本案例为山东建筑大学信息与电气工程学院通信工程教研室党支部书记马路娟的微党课,曾获评学校优秀党课。

步伐更加豪迈。

高校作为科技创新的阵地，承担着科技自立自强的重要使命，更肩负着为党和国家培养人才的重任，高等教育的蓬勃向上为我国科技创新、科技自立自强做出了突出的贡献。新时代，我国一系列核心技术实现突破，“嫦娥”“蛟龙”“墨子”“祝融”，这些耳熟能详的神话故事已经在科技创新的驱动下走进了现实，成为我们中华儿女的骄傲。超级计算机、量子通信、大飞机制造等成果，已经从实验室走进了寻常百姓的生活。党的二十大专门对教育、科技和人才提出了新的要求，这是我们坚定科技创新的号角，也是我们坚持自主创新的行动指南。

高校教师要坚持为党育人、为国育才，在教书育人中践行使命担当，努力成为先进思想文化的传播者和学生健康成长的引路人，引导广大青年学生自觉厚植家国情怀，听党话，跟党走；要指导学生学好专业知识、投身科技实践，提升学生的创新精神和创新能力，为实现高水平科技自立自强培养人才；要将个人科研工作同国家发展紧密相连，努力服务国家、全省重大发展战略，为实现中华民族伟大复兴、为实现我国高水平科技自立自强做出无愧于时代的贡献。

谢谢大家！

**启示：**马路娟老师录制的微党课《加快建设科技强国，实现高水平科技自立自强》，是山东建筑大学信息与电气工程学院培育的一堂精品党课。该微党课首先带领大家加深了对加快建设科技强国、实现高水平科技自立自强重要性的认识，带领大家一起感受新时代我国科技创新事业取得的一系列高速、高质量的发展成就。通过列举“嫦娥”“蛟龙”“墨子”等一系列具体案例，生动展示了我国科技事业取得的成就和突破，增强了师生的自豪感。随后，微党课让大家深刻认识到高校作为科技创新的阵地，承担着科技自立自强的重要使命。在微党课的最后部分，马路娟老师立足高校教师工作岗位，结合自身实际，从认真履行教书育人的使命担当、以实际行动为实现高水平科技自立自强培养人才、将个人科研工作同国家发展紧密相连三个方面，呼吁广大高校教师为实现我国高水平科技自立自强做出无愧于时代的贡献。由此，我们可以看出，微党课这种党课形式非常灵活，具有主题鲜明、语言精练、生动形象的优势，非常适合在网络上进行宣传推广。

## 案例四：鸿雁示范领航，青春跃动担当[①]

大家好！我叫秦争，是山东建筑大学信息与电气工程学院本科生第二党支部的一名党员，电气工程及其自动化专业2020级学生。再过一个月，我就要毕业了，就要离开培养我四年的本科生第二党支部了。

信仰如山，本科生第二党支部是我的骄傲。四年来，支部三次获评学校先进基层党组织，2023年被确定为第三批山东党建工作样板支部培育创建单位。忠诚如铁，支部伴我成长。支部打造的"鸿雁"品牌已深深刻进我的脑海，必将激励我坚定信念，砥砺前行。

"鸿雁"是信息与电气工程学院立足党员作用发挥，精心打造的党员教育品牌。从2021年至今，我已经参加了三期"鸿雁"信电先锋党员示范活动，在实践中提升党性，在示范中挺膺担当。每年的9月，支部每名党员从思想、学业、科技创新、实践、新生教育和就业创业等先锋项目中选择参加，内容设计充分考虑学生的成长需求，同时便于自我评价和量化考核。示范活动采取项目化运作，建立"动员发动—申报项目—中期交流—总结评价—反馈修正"的项目闭环运作机制，保证了活动效果。

认领科技创新先锋项目的党员，担任大学生科技创新创业协会骨干，在科技竞赛活动中获省级及以上竞赛奖励75项。认领实践先锋项目的党员组织"鸿雁"暑期实践团，走进7个城市14个红色基地，获评山东省"三下乡"社会实践优秀服务团队，活动被学习强国等媒体、平台报道。我认领了科技创新先锋项目，从队员到队长，我带领团队挺进了全国大学生电子设计竞赛和"蓝桥杯"大赛并获二等奖，时隔四年学院实现了学生竞赛的突破。

头雁领航，群雁齐飞。近三年，电气专业有1个班级获评省级优秀班集体，14次获校级集体荣誉表彰。3名党员获评山东省优秀学生，2名党员获评山东省优秀学生干部，4名党员被评为山东建筑大学优秀共产党员，2名党员被评为校十大优秀学生，13名党员被保送山东大学、东北大学、重庆大学等高校攻读研究生。

在实践中成长，在示范中担当。我时刻以认领的任务激励自己，党性修养和个人能力也在示范活动中得到提高。作为队长，我参加了全国大学生电子设

① 本案例为山东建筑大学"我和我的支部"优秀作品。

计竞赛、全国大学生智能汽车竞赛等比赛，获得省级一等奖 4 项、省级二等奖 4 项、省级三等奖 7 项，主持完成国家级大学生创新创业训练计划项目 2 项。先后获得 2021 年国家奖学金、2022 年山东省优秀学生、2022 年校十大优秀学生、2023 年校最美大学生、2023 年山东建筑大学校长奖章等 20 项荣誉称号，被保送到山东大学攻读研究生。

“雄关漫道真如铁，而今迈步从头越”，支部给了我力量，激励我成长，使我向着优秀共产党员目标不断前行。“恰同学少年，风华正茂”，我必将勇当鸿雁，飞在前列，干在实处。

**启示：**山东建筑大学信息与电气工程学院本科生第二党支部是由电气工程及其自动化专业学生党员组成的党支部。多年来，支部注重加强政治建设，持续推进党建工作规范化、品牌化，以理论武装人，以实践锻炼人，开展“鸿雁”信电先锋党员示范活动，打造知行合一的“鸿雁”党建品牌，以实践凝聚力量，以示范引领担当。2021 年以来，支部连续 3 年被评为学校先进基层党组织和五星级党支部，2023 年获批第三批山东党建工作样板支部培育创建单位。作品以“鸿雁示范领航，青春跃动担当”为题，从党员秦争的视角，讲述了自身通过参加“鸿雁”信电先锋党员示范活动，在实践中提升党性、在示范中挺膺担当的成长经历，诠释了“一个支部就是一座堡垒，一名党员就是一面旗帜”的真实感悟。作品在叙述中全方位展现了本科生第二党支部“鸿雁”信电先锋党员示范活动的实施过程和示范效果，展示了支部在学生党员教育和作用发挥方面的探索与实践，是学生党支部创建党员教育品牌的一个典型工作案例。以本文为脚本的微视频获评学校“我和我的支部”优秀作品。

## 案例五：传承红色基因，坚定理想信念——“鸿雁”红色经典分享会

山东建筑大学信息与电气工程学院本科生第四党支部以“红色文化铸魂育人”为目标，打造“红色文化＋党建”党员教育模式，根据学生党员自身兴趣和专业特长，将红色革命文化贯穿于主题党日活动、党员实践活动等载体中，推出“鸿雁”红色经典分享会学生党建品牌，特色化开展“红色人物”事迹分享、“红色地图”绘制分享、“红色书籍”阅读分享、“红色故事”演绎分享、“红色电影”观看分享系列活动，以“追溯红色经典，传承红色记忆”为主线，溯红色、习红色、传红色，实现学生党员教育管理常态化、实效化、广泛化，着力培养思想政治合格、理

想信念坚定、党性修养优良、专业技能扎实的大学生党员。

### （一）目标与思路

信息与电气工程学院本科生第四党支部坚持每一名党员都是参与者、建设者、实践者的理念，在充分征求支部党员对党建品牌创建的意见与建议的基础上，“多搞大合唱，不唱独角戏”。以“红色文化铸魂育人”为目标，深挖、用好红色历史这本教科书，用“红色”为党员“铸魂补钙”，让红色基因入脑入心，通过开展“红色书籍”阅读分享、“红色故事”演绎分享、“红色电影”观看分享等主题党日活动、社会实践活动，形成推动支部党建品牌建设的强大合力，同时引导学生党员学好用好党的创新理论，赓续红色血脉，发扬光荣传统，发挥先锋模范作用，牢记初心使命，建功新时代。

### （二）具体做法

1.开展“红色书籍”阅读分享活动，传承红色精神

将每月第一个周四作为固定活动日，以思想引领和专业提升相互促进为设计思路，设计“读”“讲”“评”三位一体的“红色经典”阅读主题党日活动。每次主题党日活动分为规定动作和自选动作，规定动作包括齐唱国歌、重温入党誓词等内容，自选动作包括“红色经典”诵读、“红色故事”宣讲、现场互动评议等内容，充分调动支部党员的主观能动性，牢记为人民服务的宗旨，激发支部党员的实干斗志，努力实现党性教育与专业成才的有机结合。

2.开展“红色故事”演绎分享活动，营造红色氛围

演绎经典红色故事，将党建活动与“剧本杀”有机融合，创新支部党建活动形式，为强化党员思想政治教育和弘扬优良作风注入新活力。沉浸式演绎红色故事，以不同英雄人物的精彩故事为内容，带领支部党员走进角色内心，体验角色情感，全方位追寻先辈的光辉足迹，将革命的圣火和优良的作风传递下去，使同学们从中汲取到红色精神和红色力量，进一步铸牢当代大学生的爱国情、报国志。林觉民临行绝笔《与妻书》，陈觉、赵云霄革命伉俪遗书感天地，抗日民族女英雄赵一曼壮烈牺牲等红色故事，再次带领同学感受革命的艰辛和革命者们不怕困难、坚韧不拔的顽强奋斗精神。

3.开展“红色电影”观看分享活动，赓续红色血脉

红色电影传播了革命传统和民族精神，弘扬了革命先辈们的崇高理想信念，是对青年党员进行党史教育的好方法，也是对青年人的世界观、人生观、价值观开展教育的重要资源。每月鼓励支部党员观看一部红色电影，通过交流会的形式分享观后感，加深学生党员对革命精神的认识，使其坚定理想信念，继承光荣传统，发挥优良作风，切实担当起为中国人民谋幸福、为中华民族谋复兴的初心使命。每年党支部组织全体党员集体观看一部红色电影，重温红色历史，传承红色基因，筑牢政治忠诚。

4.开展“红色地图”绘制分享活动，凝聚红色能量

学习百年党史，成就青春梦想。分布在齐鲁大地上的众多爱国主义教育基地是我们红心向党的载体，它让我们对那段历史有着更深切的感悟和更深刻的认识。利用寒暑假社会实践，组织支部党员在山东实地考察家乡红色基地、革命纪念馆等红色地标，开展调研，实时讲解并录制红色视频，收集文字、照片、视频等素材，最后制作成《齐鲁红色电子地图》宣传读本，进一步创新党史学习教育的内容和形式，实现资源共享，让更多的人了解红色记忆，传承红色文化。

（三）取得的成效

一是支部党员对红色文化、红色精神的理解、感悟和认同得到进一步加深，理想信念更加坚定。党员到红色教育基地参观学习、分享红色书籍、演绎红色故事等，将自己的理解渗透到每一次的活动中，用生动的故事、鲜活的人物感悟红色文化，诠释弘扬红色精神，进一步深入了解了革命历史，传承了红色基因，坚定了爱党爱国信念，加强了党性锻炼，提升了学习教育成效。

二是创新了支部党建工作新模式，增强了支部组织生活的吸引力、针对性和实效性。创新组织生活开展形式，充分利用红色资源、身边典型等，突出了政治学习和教育，突出了党性锻炼，更加贴近党员思想、工作和生活实际。通过开展系列活动，引导学生党员从“课桌后”走向“讲台前”，变“念文件”为“趣味学”，让学生党员有了更多的参与感，激发了全体党员自觉参与红色文化教育的积极性。

三是红色资源与思想政治教育深度融合，传承红色文化基因的载体更加丰富。多彩的红色文化活动营造了以红色文化为引领的校园文化氛围，对学生进行了潜移默化的引导，落实了立德树人根本任务。支部通过组织系列红色文化

活动，传承红色精神，教育引导学生党员坚定理想信念，汲取红色力量，厚植红色基因，在实践中重温历史、感受真理、净化思想，进一步提升了大学生党员思想素养和行为素养。

**启示：**山东建筑大学信息与电气工程学院本科生第四党支部致力于建设书香支部，围绕学院"鸿雁"党建品牌建设开展的"鸿雁"红色经典分享会等系列活动成为支部开展党员教育的重要载体和平台。支部开展的"红色人物"事迹分享、"红色地图"绘制分享、"红色书籍"阅读分享、"红色故事"演绎分享、"红色电影"观看分享系列活动，内容体系贴近学生，更容易使学生产生共情，保证了教育效果。"鸿雁"红色经典分享会学生党建品牌依托鸿雁党建书吧开展活动，是学院"一支部一品牌"工作的典型代表。

## 案例六：构建"四位一体"国学育人新模式

近年来，山东建筑大学注重推动中华优秀传统文化与高校育人工作有机结合，不断丰富学习实践载体，构建中华优秀传统文化育人长效机制，实现以中华传统文化铸魂育人。学校打造"四位一体"国学育人新模式，以国学涵养学生品格，用国学启迪学生智慧，走出了一条国学育人的特色实践之路。

### （一）建强"学而书苑"工作室，凝聚国学育人合力

"学而书苑"工作室是山东建筑大学首批成立的辅导员工作室，其名源自"学而时习之，不亦乐乎"，寓意将中华优秀传统文化融入大学生思想政治教育。"学而书苑"工作室由 9 名教师组成，工作室主持人张辉已经在辅导员岗位上工作了 30 余年，长期致力于将中华优秀传统文化与高校育人工作有机结合，录制微课程《我读大学》，出版《中华美德故事精选》，将中华优秀传统文化教育和当代青年学生的思想政治教育结合起来，从社会道德层面为青年学生呈现了应该怎样做人做事，他也获评 2022 年山东高校辅导员年度人物。"学而书苑"工作室位于学校松园 4 号楼，配备桌椅、书籍、乐器等，每年举办 60 余场国学讲座。工作室成员指导学生社团国学社，举办"孔子学堂"，已成为学校弘扬中华优秀传统文化的重要阵地。

### （二）做强学生社团国学社，激发国学育人活力

传统文化类社团的建立发展有力拓展了中华优秀传统文化教育的载体和

路径。由信息与电气工程学院指导的山东建筑大学国学社创办于2010年，长期举办新生成人礼、国学经典诵读、传统礼仪展演、国学达人赛等活动，在过去的13年里已有3000余名学生参加社团活动，获评全国优秀大学生国学社团。在新生成人礼上，学生们以传统方式庄重宣告自己的成长，担负起家庭、社会、国家所赋予的责任，用清脆的声音唤起青春的共鸣。在国学经典诵读中，学生们接触和感受中华传统经典，激发对传统文化的学习兴趣和探索欲望。学生们观庄严仪式，感受典雅之礼，提升品德修养感悟，激发文化情感共鸣。学生们积极参加国学达人赛，展现出对传统文化的热爱与追求。国学社逐渐成为促进学生全面发展和中华优秀传统文化融入校园的重要推动力量。学生杨程淏是国学社的骨干成员，多次参与国学诵读活动，先后获评校一等奖学金、优秀学生干部标兵、社会实践优秀个人。他感慨道："学习国学，让我更加坚定了立鸿鹄志、做时代奋斗者的信心和决心，让我拥有了阳光、奋进的大学生活。"

### （三）聚焦传统文化教育三个维度，增添国学育人动力

中华优秀传统文化浩如烟海、博大精深，学校结合学科专业特点合理选取教育普及的内容，并对选取的内容进行个性化设计。按照大学生成长发展的过程，从三个维度选取与设计传统文化教育的内容：一是进行传统文化的"小学"教育，学习《三字经》《千字文》《弟子规》以及洒扫应对之学，从基础规矩、规范学起，养成良好的生活和学习习惯，做好传统文化通识教育。二是进行传统文化"大学"教育，学习内容以"四书"为主，见性明礼，修身、齐家、治国、平天下，树报国之志，做好传统文化的养成教育。三是坚持红色文化教育，坚定理想信念，把青春奋斗融入党和人民事业。学校聚焦传统文化教育三个维度，建立了"学团组织＋文体活动＋展演体验"的中华优秀传统文化育人机制，进一步激发了大学生对中华优秀传统文化的热爱之情，为国学育人提供了源源不断的动力。

### （四）丰富校园文化活动，提升国学育人效力

学校充分发挥校园文化浸润功能，通过将中华优秀传统文化融入新生教育、邀请专家作报告、举办中华传统文化节、开展国学下乡社会实践等，让中华优秀传统文化在建大学子心中落地生根。迎新现场，面对子女敬上的"感恩茶"，有的家长激动地流下眼泪。注重发挥筑基讲坛育人功能，邀请第十四届全国人大代表、山东大学儒学高等研究院特聘教授杨朝明做客筑基讲坛，解读文

化自信与文化强国，带领大家领略中华优秀传统文化的博大精深和思想精髓。山东建筑大学中华传统文化节通过成人礼展演、传统音乐演奏、茶艺表演和制作、射礼、投壶、汉服展示等丰富多彩的项目，让师生们感受传统文化的魅力，更全面地了解和体验中华传统文化的博大精深。国学社每年组织国学下乡等主题社会实践活动，多次获评省级优秀实践团队。"圆梦"实践团前往济南市剪纸艺术院，探索中国古老民间艺术剪纸的历史脉络与精彩奥妙。"寻脉"实践团走进聊城市东阿县探访制作阿胶的传统工艺，走进滨州市无棣县体验黄河泥塑和麻绳编织的传统工艺，走进潍坊十笏园领略传统建筑和园林艺术的美，走进章丘吕家村感受麦秆画的精彩。"思源"实践团前往即墨，体验周戈庄上网节、盟旺山庙会、即墨黄酒封坛仪式等，以实际行动传承和弘扬非遗文化。随着中华优秀传统文化育人机制作用的发挥，传承和弘扬中华优秀传统文化已成为建大校园的新风尚。

**启示：**中华优秀传统文化是党员教育、团员教育的重要内容，开展中华优秀传统文化教育是做好党员教育、提升学生综合素质的重要路径。山东建筑大学信息与电气工程学院依托"学而书苑"辅导员工作室、国学社，发挥教师党员、学生党员、入党积极分子的骨干作用，开展丰富多彩的传统文化教育，形成了国学经典诵读、国学达人赛等品牌活动。学院以辅导员工作室、国学社等为重要载体，打造"四位一体"国学育人新模式，以国学涵养学生品格，用国学启迪学生智慧，推进传统文化进校园，发挥了良好的育人成效。学生社团国学社的指导教师、辅导员张辉获评2022年山东高校辅导员年度人物。

# 第三章　高校党建联建品牌创建

党建品牌培育可以提升组织形象，加强吸引力和凝聚力，增强党员干部的使命感和责任感，促进组织发展和壮大。高校以品牌化理念，探索建立科学的党建联建机制，丰富、创新党建工作形式，以达到提升基层党组织组织力、推进党建工作与业务工作的深度融合发展的效果。

## 第一节　高校党建联建品牌创建的价值体现

党组织联建是基层党建工作在新形势下的模式创新，联建双方党组织本着资源共享、互惠双赢的原则，开展各类党建联建活动，有力提升联建双方的党建工作水平，强化政治功能、组织功能和服务功能。目前，高校与党政部门、行业协会、企事业单位、社区等探索开展各类党建联建，随着效果的逐渐显现，越来越受到高校、党政部门、行业协会、企事业单位、社区等党组织的重视。高校党组织创建党建联建品牌，建立科学的党建联建机制，对于落实"三全育人"、提升基层党组织的组织力、实现党建引领高校高质量发展、服务地方经济与产业转型升级等都具有显著的现实意义。

### 一、立德树人：落实"三全育人"的重要抓手

党中央历来高度关注高校党的建设和思想政治工作。《中国共产党普通高等学校基层组织工作条例》规定："高校党组织应当把立德树人作为根本任务，构建思想政治工作体系，加强意识形态阵地管理。充分发挥课堂教学的主渠道

作用，办好思想政治理论课，推进课程思政建设，拓展新时代大学生思想政治教育的有效途径，形成全员全过程全方位育人的良好氛围和工作机制。"[①]高校建立科学的党建联建机制，是贯彻落实《中国共产党普通高等学校基层组织工作条例》的有力举措，是构建全员全过程全方位育人的重要抓手。高校建立科学的党建联建机制，能够整合学校与社会资源，形成育人合力；能够丰富创新育人手段，拓展多种育人途径和形式，丰富思想政治教育的内容；能够让学校教育贴近社会，培养学生正确认识社会和主动适应社会的能力；能够充分发挥党建工作的引领作用，协调组织调动各方面参与育人的积极性，分工协作，构建"三全育人"良性格局。

## 二、巩固堡垒：提升基层党组织组织力的基础前提

高校加强基层党组织建设，必须以提升组织力为重点，推动各级党组织全面进步、全面过硬。党建工作与业务工作融合发展是高校组织发展、学科发展和人才培养的需要。如果党建工作与业务工作相互脱节，找不准结合点，就容易出现"两张皮"，造成党建工作无法真正引领高校事业高质量发展，造成党建工作形式单一，大大降低党员教育的吸引力，削弱基层党组织的组织力、战斗力和凝聚力。因此，高校建立科学的党建联建机制，创建党建联建品牌，是推动党建工作高质量发展的重要抓手，是党建业务融合体系的重要环节。高校基层党组织全面深刻认识和把握自身建设的重要性，主动加强党建联建，瞄准突出政治功能、提升组织力这一关键，能够使"三会一课"内容更加丰富和生动，更加贴近业务工作，丰富党建工作载体，使党建工作与业务工作融合更加紧密，有效增强党建工作对党员的吸引力，充分发挥基层党组织的战斗堡垒作用，提升基层党组织的组织力，增强党建工作的活力。

## 三、促进发展：实现党建引领高校高质量发展的有力保障

高校建立科学的党建联建机制，有助于优化高校管理体制，推动党建工作与教育教学、科研创新、人才培养等各项工作深度融合；有助于高校及时掌握行业发展情况并对行业形势变化做出快速判断和响应，调整人才培养方案，优化专业结构，使高校办学定位、发展规划与地方经济社会发展需求相适应，使人才

---

① 《中国共产党普通高等学校基层组织工作条例》，《人民日报》2021年4月23日。

培养适应国家社会需求，教学科研服务对接国家发展战略，形成党建工作引领高校各项事业高质量发展的良好局面。因此，高校建立科学的党建联建机制，能够有力推动高校管理体制创新，促进高校内部党建工作与业务工作的融合发展，推动高校办学治校与社会经济发展相适应，服务国家发展战略，抢抓发展机遇，强化内涵建设，提升办学治校水平，成为党建引领高校自身高质量发展的有力保障。

### 四、服务地方：服务地方经济与产业转型升级的有力举措

高校在服务地方经济与产业转型升级中发挥着至关重要的作用。《中国共产党普通高等学校基层组织工作条例》明确指出，高校党组织必须“坚持教育为人民服务、为中国共产党治国理政服务、为巩固和发展中国特色社会主义制度服务、为改革开放和社会主义现代化建设服务”①。高校建立科学的党建联建机制，充分发挥思想引领、组织、人才优势，彰显在服务地方经济社会发展上的关键作用。通过发挥思想引领优势，激发广大教职工助力经济社会发展的强大责任感和使命感，提高履行社会服务职能的素质能力；发挥组织优势，调动高校众多积极因素，凝聚服务地方发展的动能；发挥高校人才优势，汇集人力资源和智力资源，助力地方开展理论创新、发展规划、科研攻关、产品研发、文化赋能、乡村振兴等。总之，高校通过建立科学的党建联建机制，让高校基层党组织成为服务地方经济与产业转型升级发展的坚强堡垒，为推动中国式现代化、实现高水平科技自立自强做出重要贡献。

## 第二节　高校党建联建品牌创建的原则

高校在创建党建联建品牌的过程中要注意遵循资源共享、互惠双赢的原则。

### 一、资源共享原则

高校与政府、行业协会、企业、社区等党组织建立联建共建机制，要坚持资

① 《中国共产党普通高等学校基层组织工作条例》，《人民日报》2021年4月23日。

源共享原则，注重共享人才资源、信息资源和阵地资源。高校党建和思想政治教育工作者具有较强的专业知识和理论水平，进行的理论宣讲具有较强理论性和系统性。同时，高校还可以发挥专业优势，开展专业咨询、技术攻关、科普等工作，服务当地经济社会发展。政府、地方拥有英雄人物、模范典型、好干部、好党员等资源优势，他们具有坚定的理想信念和丰富的实践经验。高校党员聆听他们艰苦奋斗、干事创业、密切联系群众的实践经历、事迹和经验，能够进一步筑牢党性根基，增强实干精神和干事本领。同时，政府、地方党组织掌握的国家政策、社情民意、行业发展、企业需求，对于高校开展人才培养、政产学研能够起到重大推动作用。高校与政府、行业协会、企业、社区都具备一定阵地资源，可以通过共享博物馆、文化馆、红色基地、大型仪器设备，共建产教融合协同育人基地等，可以开展沉浸式党员教育，提高党员教育的实效性，有力推动党建联建双方事业的高质量发展。

### 二、互惠双赢原则

高校与政府、行业协会、企业、社区等党组织联建，在开展的项目和业务活动中要以实现双赢为目的，真诚相待，认可双方的贡献，不仅考虑自身的利益，还要考虑对方的需求，秉着真诚平等的态度合作。高校在与其他党组织开展党建联建的过程中，既要考虑结对共建单位为高校搭建多元化的实践平台，有效提升教工党员的教学、科研和服务社会的能力，提升学生党员的政治素养、综合素质、对企业和社会的认知水平，促进大学生就业创业等；也要充分考虑政府、行业协会、企业、社区的实际需要，发挥人才资源和专业优势，为结对共建单位提供优质人才智力资源和社会服务，积极推动共建党组织的高质量发展。只有坚持互惠双赢原则，才能保证党建联建的可持续发展。

## 第三节　高校党建联建品牌创建的策略

高校创建党建联建品牌，在顶层设计上要遵循资源共享、互惠双赢的原则，引入品牌化、项目化运作方式，立足党组织实际情况，搭建运行体系、内容体系和组织体系，通过实施组织联建、决策会商和考核评价，完善运行体系；结合自身实际丰富党建联建载体，完善内容体系；通过与政府、行业协会、企业、社区党建联建和师生党支部联建，完善组织体系，以此创建科学的党建联建品牌，建立科学的党建联建机制，有力提升双方党建工作水平，强化双方党组织的政治功能、组织功能和服务功能。

山东建筑大学信息与电气工程学院党委自2021年以来，精心培育党建联建品牌，探索建立科学的党建联建机制，2022年、2023年“校政行企党建合创协同育人”“高校师生党支部共建育人”分别立项学校党建特色创新项目，2024年“构建科学的党建联建机制”立项学校二级单位党组织书记抓基层党建突破项目。学院党委与中建八局第二建设有限公司智能分公司党总支、浪潮通信信息系统有限公司党委开展党建联建。各党支部结合自身特点，与政府主管部门、协会、企业开展了形式多样的党建联建活动，构建了高校师生党支部共建育人机制，打造了校政行企党建合创协同育人模式，有力推动了教学科研、学生培养、毕业生就业、社会服务等重点工作，形成了高质量党建引领学院各项事业高质量发展局面。建立党建联建机制的经验做法被大众日报、学习强国山东学习平台、中国网等报道。

## 一、构建科学的运行体系

### （一）实施组织联建

构建稳定的合作机制，是建立科学的党建联建机制的重要基础工作。合作机制只有与联建双方的现状与需求相统一，才能保持长期稳定并得到持续发展。通过签订共建协议、建立基地等形式，充分发挥结对党组织的优势，建立稳定合作机制，为构建科学的党建联建机制提供坚实的组织保障。

一是签订共建协议。经联建党组织商议，高校党组织与政府、行业协会、企业、社区党组织签订共建协议，基于双方党组织的资源优势和发展需求，明确联建目标、联建内容、双方职责、联络负责人、共建期限等，保障共建、联建活动的规范有序开展。共建协议的签订，可以让双方党组织明确联建目标、任务和承担的职责，推动联建目标落地落实。

二是建立基地。联建党组织可以在对方单位或者共同建立基地，如党员教育基地、廉洁教育基地、社会实践基地、就业创业基地、产教融合基地、实习实训基地等，为党建联建活动、双方业务促进提供场所，成为联建双方党组织有力的阵地支撑。同时，基地的建立也能够为高校师生提供有效的教育教学、实习实训、实践锻炼平台。

### (二)实施决策会商

联建党组织建立决策会商机制,双方开展定期和不定期的沟通交流,协商确定工作思路和任务,调度和推进党建联建的工作进度,确保实现预期效果。

一是确定年度重点工作任务。建立决策会商机制,商讨学期及年度重点工作计划,依据双方党组织的工作重点及特色规划党建共建活动,推动党建联建特色化、品牌化。

二是定期交流沟通机制。通过定期交流党建工作经验、共享党建工作信息等方式,畅通交流沟通渠道,定期研究讨论工作,定期检验联建效果,及时调整联建活动方案,不断反馈与调整,切实提高党建联建成效。

### (三)实施考核评价

科学的激励能够充分调动人的积极性和创造性。党建联建的成效,需要科学的考核评价和激励来保障。

一是确定科学的考评点。双方党组织要科学设计党建联建效果的评价指标,指标要素要做到重实效、可量化、好评价。双方党组织对党建联建工作进行过程评价和终期评价,收集参与党员和群众的反映反馈和意见建议,及时总结成果、修正不足,推进党建联建持续向好发展。

二是奖优罚劣并行。加强对党建联建考核评价结果的使用。党员参与党建联建的表现纳入党员年度考核,对表现优异的党员提出表扬、颁发证书等,在评优评奖中予以体现;对考核评价不合格的党员,及时督促改进,保证党建联建的实际效果。

## 二、构建科学的内容体系

### (一)理论联学

联建党组织通过同上一堂党课、学习分享交流等方式,丰富党员教育学习形式。高校依托丰富的专家资源,通过党课、讲座报告、论坛研讨等活动,为联建党组织提供系统优质的理论教育资源。地方党组织依托宝贵的实践经验和人才资源优势,分享党建工作的实践创新案例、感悟与经验。

(二)现场教育联动

联建党组织可以共同组织现场教育,在党建活动中分享学习感悟,增进党员间的联系交流。同时联建双方可以利用共同的党建资源,在现场教育中传承红色基因,近距离感受国家社会发展,增强党性观念和宗旨意识,比如参观联建单位的文化基地、博物馆、展览,实地考察高校、行业、企业、地方发展。

(三)业务能力同促

高校可以发挥人员的专业优势,运用自身掌握的知识、技术和信息资源,结合地方人才需求开展项目培训,参与地方技术攻关,为地方经济社会发展提供咨询和建议。联建双方可以开展挂职锻炼,一方面,地方单位可以推荐高技能人才,以兼职导师、校外毕业设计指导教师等各种方式,参与高校专业建设和人才培养;另一方面,高校可以推荐党员干部、专业教师到联建单位挂职锻炼,服务地方经济社会发展,有效促进高校"双师型"师资队伍建设。

(四)全员育人协同

高校可以调研地方、行业、企业需求,有针对性地举办讲座、开设课程等,使培养的学生更加贴近社会和企业需求。地方党组织清晰掌握社会经济发展、企业对大学毕业生的素质能力要求,可以为高校人才培养提供宝贵的意见建议,同时地方党组织可以为大学生的实习实训、社会实践提供场所,参与学生的实践教学、毕业设计、就业创业指导,充分发挥联建党组织的协同育人功能。

(五)政产学研共促

联建党组织推动政府、行业协会、企业、高校等协同发力,推动企业技术革新,促进高校科研创新,提升高校科技成果转化率,扩展校地合作的广度和深度,更好履行高校社会服务职能,推动新旧动能转化,服务地方社会经济发展。

(六)志愿服务联动

联建党组织具有各自的优势,双方不仅可以共同组建服务团队开展社区服务、技术服务等志愿服务,还可以由地方党组织根据当地需求提出项目和课题,高校组织师生服务团,在地方党组织的指导下,开展各类志愿服务活动,弘扬志愿服务精神，提升志愿服务质效。

（七）文化建设同行

联建双方党组织考虑自身组织优势和双方实际需求，共同组织开展文艺展演、球类比赛、兴趣小组等，营造浓厚文化氛围，提高党员、群众的文化素质，提升联建双方的文化建设水平。

## 三、构建科学的组织体系

高校各级党组织着力培育党建联建品牌，探索与政府、行业协会、企业、社区党建联建和师生党支部联建，构建科学的组织体系，取得明显成效。

（一）高校与政府、行业协会党建联建

政府、行业协会和高校共同推动区域社会经济发展，提高人才培养质量。政府制定相关政策，编制发展规划，对区域产业布局进行宏观调控。行业协会了解本行业的发展情况和需求，拥有丰富的企业资源，对行业发展趋势有着比较准确的分析判断。高校与政府、行业协会开展党建联建，能够将人才培养、教学科研与社会需求、行业发展紧密结合，创新人才培养模式，优化科研方向，提高人才培养质量，实现高校科研成果为地方经济发展提供技术支持。高校党组织发挥行业协会的企业资源优势，联合举办毕业生供需见面会，促进毕业生更加充分、更高质量的就业。同时，高校党组织充分发挥智库作用，更好地为地方政府决策提供咨询建议。

山东建筑大学信息与电气工程学院物联网工程教研室党支部与济南市口岸和物流办公室物流处、山东省物联网协会、山东省供应链管理协会等签订支部共建协议，联合开展辅导讲座、技术服务、行业发展研讨、毕业生推介等党日活动。山东省物联网协会秘书长、党支部书记、正高级工程师苏冠群为相关专业学生做线上就业教育讲座，加深学生对行业最新动态的了解。山东省物联网协会与学校共同举办“山东建筑大学产学研基地（烟台）信息与通信技术（ICT）2024届毕业生供需见面会”，组织协会优秀会员企业走进高校招聘毕业生，共话行业人才培养。学院与济南市历下区科学技术协会、山东省青年科学家协会、济南科金信息技术有限公司共同举办“党建引领双向融合，党支部共建聚合力”主题党日活动，以党建联建为平台，围绕教学科研、协同育人加强交流与融通，推进高校、协会、企业深度合作，培养创新型、复合型、应用型人才，更好服务地方经济建设，山东省青年科学家协会捐赠 420 本书籍，用于提升产教融合教学研究水平。

（二）高校与企业党建联建

高校与人才培养衔接的企业进行党建联建，深化校企合作，围绕政治理论学习、教育教学创新、科研攻关、毕业生就业、“双师型”教师队伍培养以及联合申报项目、联合共建实验室、联合建立基地等方面开展党建联建活动。高校探索开展校企联合毕业设计，实现毕业设计质量和学生工程实践水平的双提升。高校组织学生到企业实习实训，有效提高专业实践能力，为择业就业奠定良好基础。在这一过程中，企业充分了解学生的综合表现，学生深入了解行业和企业，双方达成求职录用意向，如此，企业往往能够录用到符合招聘标准、对企业具有较高忠诚度的毕业生。在校企党建联建过程中，双方能够清楚对方的实际需求和优势专长。高校和企业可以整合优势资源，联合申报重点实验室、重大重点课题等。高校可以选派教师到企业挂职锻炼，参与企业技术革新和科研攻关，提高“双师型”教师比重；参与企业设立的横向课题，开展科技攻关和产品研发。高校聘任具有丰富实践经验、专业能力强的企业人员担任客座教授、研究生兼职导师、毕业设计指导教师等，为师生做报告、讲授课程和指导学生毕业设计等，提高师生的工程实践能力。

山东建筑大学信息与电气工程学院党委与中建八局第二建设有限公司智能分公司党总支、浪潮通信信息系统有限公司党委进行党建联建，各教工党支部与 11 家企业党支部进行党建联建，使“三会一课”内容与业务协同，提升了学习效果，同时有力推动了学院重点工作。院直党支部与企业党支部结对共建，邀请学校马克思主义学院教授做辅导报告，讲授学习党的二十大精神专题党课，畅谈学习体会。大陆机电股份有限公司董事长荆书典做大学生工业互联网创新创业讲座，激发了学生从事物联网行业的热情。历下控股集团有限公司第五党支部书记、济南科金信息技术有限公司副总经理谷媛及信息与电气工程学院物联网工程教研室主任、党支部书记李明签订党支部共建协议，学校和企业共建产教融合协同育人基地，共同打造实践教学、竞赛实训、创新服务三位一体的场所。教师党员充分发挥智力和科研优势，为政府提供决策咨询，助力新旧动能转换，同时为教学实践、科研创新、学生就业等创造良好环境。学院教工党支部书记先后获评山东省优秀科技工作者、山东建筑大学十大优秀教师等，主持获得山东省人民政府决策咨询一等奖、中国电力创新奖二等奖等。

### （三）高校与社区党建联建

高校和社区党建联建能够促进高校与社区资源深度融合，创新党建工作模式，拓展服务领域，提升党建工作的活力和实际效果。社区党组织为高校师生提供实践项目和实践场所，有助于实现高校党建活动知行合一、学思践悟，增强师生的党性意识、道德情操和素质能力。高校具备专业技术、教育教学、人力资源、动员组织等方面优势，社区通过与高校党建联建，可以充实壮大社区工作队伍，拓展社区工作的服务范围，提高工作质效。

山东建筑大学信息与电气工程学院本科生第三党支部紧跟新时代高校思政工作要求，创建"知行合一"社区实践与志愿服务品牌，支部全体党员走进社区，开展"一名党员，一面旗帜；一个支部，一座堡垒"的先锋示范工程建设。支部开展金晖助老志愿服务，党员走进济南华森老年公寓，与老人促膝谈心，帮助老人解决出行、购物、使用智能手机等方面的困难，同时为老人整理房间、清理卫生，用实际行动弘扬传统美德。学生党员在神武社区向居民宣传垃圾分类知识，定点值守社区垃圾回收处，发放生活垃圾分类收集袋，为居民进行可回收物分类指导，呼吁大家一起保护环境，巩固文明城市建设成果。学生党员通过与社区居民交流、张贴海报、发放传单等形式进行反诈骗宣传。党支部组织开展社区环境卫生清洁行动，党员们在多个社区进行清理，同时发动社区居民积极参与环境卫生清洁，社区环境焕然一新。党支部组织致敬英雄楷模党日活动，党员们来到全国诚实守信模范刘延宝老人的家中慰问，认真聆听老人世代守护革命烈士墓的故事，党员们将老人忠义守信的精神存之于心、见之于行。党员们来到神武革命烈士墓，神武社区工作人员为大家讲述革命烈士不畏牺牲、英勇斗争的英雄事迹，师生党员们怀着敬意认真打扫环境卫生，瞻仰英烈，表达对革命烈士的沉痛哀悼和深切思念。

### （四）师生党支部联建

高校师生党支部联建是落实立德树人根本任务、提升"三全育人"效果的有效途径，对于提高学生培养质量、服务学生成长成才具有重要意义。在这一过程中，形成了师生党员定期交流机制，教工党支部为学生党支部开展工作提供指导，教工党员对学生党员个人发展给予关注和指导；教工党支部和党员更好地了解学生的关注点和需求，对于教学改革、教学管理提升、学生个性化指导都起到了积极促进作用；学生党支部和党员主动反馈大学生思想动态、学业和就业情况，为师生党支部更好服务学生成才需求打下了坚实基础，有力推动了学生思想政治教育、学业指导、科技竞赛和就业创业等重点工作。

山东建筑大学信息与电气工程学院精心开展师生党支部联建，师生党支部结对开展主题党日、学生帮扶、课外辅导等活动。学院本科生第五党支部与山东建筑大学纪委、监察专员办公室党支部，学报编辑部党支部，物联网工程教研室党支部开展结对共建活动，四方党支部签订党支部结对共建协议书，开展"党建赋能聚合力·师生共建谱新篇"支部结对共建交流会；共同开展廉洁宣誓党日活动；参观"青莲"廉洁书画作品展；学报编辑部党支部邀请专家开展讲座，满足师生提升论文写作能力的需求；教师党员指导学生党员组建科技活动小组，以党建带动团建，提高学生参赛热情，营造积极的竞赛氛围；教师党支部组织带领高年级学生访企拓岗，深入企业，深入一线，推进毕业生就业工作。党委办公室（校长办公室）党支部和信息与电气工程学院本科生第二党支部结对共建，联合开展"弘扬宪法精神，坚定宪法信仰"主题党日活动，深入贯彻习近平法治思想，就支部建设、学习宪法感悟体会等进行交流，增强部门与学院师生的沟通交流，推动党支部成为团结凝聚师生的坚强阵地。

## 第四节　案例分析与启示

近年来，山东建筑大学信息与电气工程学院党委持续聚力构建科学的党建联建机制，培育打造富有特色的党建联建品牌。各党支部立足实际，在校政行企党建合创协同育人、党组织联学建联、社区实践与志愿服务、搭建研究生能力提升平台、师生党支部共建育人等方面进行了探索实践，有力提升了基层党组织的组织力，增强了党建工作的活力，同时深入推进了党建工作与业务工作的深度融合发展，形成了丰富的党建联建成果和案例。

### 案例一：校政行企党建合创　推动协同育人走深走实

近年来，山东建筑大学信息与电气工程学院物联网工程教研室党支部探索建立科学的党建联建机制，精心培育“校政行企党建合创”支部品牌，构建优势互补、资源共享、共同发展的党建联建机制，取得了丰硕成果，有效促进了作为新兴专业的物联网工程专业的持续发展。

### 校企党建协创，构建协同育人“前台”

高校教工党支部和企业党支部党建联建，构建协同育人“前台”。物联网工程教研室党支部与历下控股集团有限公司第五党支部等企业党支部签订支部共建协议。创新党日活动形式，邀请企业家、高级工程技术人员走进课堂，开展创新创业教育，为学生讲解最新行业产品和应用技术。在党建联建过程中，山东建筑大学与合作企业共建产教融合协同育人基地，校企共同打造物联网工程专业实践教学、竞赛实训、创新服务三位一体的场所，充分满足学生实习实训的需求。

党支部邀请山东省抗疫榜样、高速骨干网（山东）物流科技有限公司党支部书记任宪磊为师生们呈现题为“战‘疫’当前，做新时代‘榜样’共产党员”的精彩党课。大陆机电股份有限公司董事长荆书典为毕业生做大学生工业互联网创新创业讲座，加深了学生对工业互联网产业发展前景的认识，激发了学生从事物联网技术应用和开发的热情。党支部组织师生参观学习体验浪潮集团在工业互联网、大数据云平台等领域取得的研发成果。

### 政府、协会党建合创，构建协同育人“中台”

高校教工党支部与政府、协会开展党建合创工作，发挥“中台”在协同育人中的桥梁作用。物联网工程教研室党支部先后与济南市物流行业主管部门济南市口岸和物流办公室物流处、山东省物联网协会、山东省供应链管理协会签订支部共建协议，联合开展政府决策咨询建议、企业技术服务、毕业生推介、行业发展研讨等党日活动。

物联网工程教研室党支部与行业协会党支部联合开展用人单位满意度调查，就毕业生培养质量、企业对毕业生素质的需求等开展研讨。物联网工程教研室组建由高校、政府部门、行业协会、企业骨干人员共同参与的物联网工程专业建设指导委员会，对新版专业培养方案进行全方位修订。在党建共建活动中，山东省物联网协会秘书长、党支部书记、正高级工程师苏冠群为相关专业学生做线上就业教育讲座，对行业发展动态、技术人才需求及职业规划进行解析，加深学生对行业最新动态的了解。

### 师生党建合创，构建协同育人“后台”

师生党支部进行党建联建，构建协同育人“后台”。物联网工程教研室党支部与本科生第五党支部签订支部共建协议，共同组织师生党员座谈会，了解在校学生需求；共同组织毕业生“云端返校”，调研学生培养质量；党员教师积极参与竞赛组织和指导，师生党支部共同发动更多学生参与科技创新竞赛；教师党员开展毕业生考研就业指导，开展未就业毕业生帮扶行动，实现毕业生就业率和就业质量稳步提升。2022 届物联网工程专业毕业生超额完成学校目标签约率，毕业生签约率较上年提升 3 个百分点，考研率提升 5 个百分点。

多年努力结出丰硕成果，物联网工程教研室党支部逐步建立完善校政行企党建合创协同育人机制。在开展党建联建过程中，教师党员们充分发挥专业优势，积极为政府和行业协会提供决策咨询建议，为企业科技攻关提供专业技术指导。党支部书记李明形成的成果获评山东省人民政府决策咨询一等奖，提出的建议获评优秀省人大代表建议。今后，物联网工程教研室党支部将持续推动党建工作与业务工作深度融合，以高质量党建引领专业高质量发展。

物联网工程教研室党支部与行业协会、企业联合开展主题党日活动

物联网工程教研室党支部书记李明(左三)提出的建议获评优秀省人大代表建议

**启示:**山东建筑大学信息与电气工程学院物联网工程教研室党支部精心培育“校政行企党建合创协同育人”党建品牌。党支部创新党建工作形式,积极与政府、行业协会、企业党支部开展党建联建,与专业学生党支部开展师生党支部共建,探索形成校政行企党建合创协同育人的党建工作法,有力落实立德树人根本任务,积极服务地方经济与产业转型升级发展。相关经验做法被学习强国等媒体报道,为其他党组织开展党建联建提供了借鉴。

## 案例二:发挥“头雁”作用　党建联建共促发展

山东建筑大学信息与电气工程学院院直党支部在学院党委的正确领导下,深入学习宣传贯彻党的二十大精神,实现党组织优势互补、党建工作与业务工作融合促进。自 2022 年 11 月以来,院直党支部精心培育“头雁”党建联建品牌,通过与济南中建建筑设计院有限公司工程咨询分公司党支部等联合开展党建结对共建活动,开启了基层党组织联建共建的新篇章。

### (一)目标与思路

党建联建有利于支部强化政治功能,彰显政治优势,突出政治属性,着力推动支部建设“旗帜领航”不偏向、“提质登高”有抓手,是结对双方党建创新实践实现优势互补、共同提高的双赢之举。院直党支部与济南中建建筑设计院有限公司工程咨询分公司党支部开展结对联建,是充分发挥双方党组织的优势,探索高校与企业党建联建促进事业高质量发展的路径。

## (二)具体做法

1.找准共同点,实现结对共建"牵手"

2022年11月,院直党支部与济南中建建筑设计院有限公司工程咨询分公司党支部开展结对共建交流活动。信息与电气工程学院党委书记董欲晓、工程咨询分公司党支部书记侯伟、院直党支部书记程加亭以及两个支部的全体党员参加了本次活动。活动过程中,侯伟和程加亭分别介绍了各自党支部的基本情况和特色党建工作的开展情况,交流了党建工作经验,签订了党支部结对共建协议书。

2.资源联享,共同组织党日活动

联建双方党组织充分发挥党建示范带动作用,创新主题党日活动载体,推动高校党建与企业党建工作相互提升、相互促进、共同提高。建立起政治理论联学、优势资源联享、主题党日活动联办、党员队伍联建的"四步联动"机制,促进了双方党支部党员的沟通交流,增进了党员之间的感情,有效促进了高校党建和企业党建的相互促进,助推了学院和企业的高质量发展。

3.党员联学,共同开展党员教育研讨交流

联建党组织共同开展党员教育活动,举办党员联学学习研讨会、教育培训等活动。通过深入学习坚定理想信念,增强党性意识,以学促做、学做一体,共同提升党性修养。支部党员同上学习党的二十大精神专题党课,学校马克思主义学院教授邹焕梅以"以中国式现代化全面推进中华民族伟大复兴"为题,分享了党的二十大精神学习体会,呈现了一堂精彩党课。与会党员结合学习和工作分享了学习体会,大家纷纷表示深受教育、备受启发。

4.品牌联建,共同争创党建优质成果

依托各自优势,围绕建筑行业发展重点难点及热点问题,本着工作整体推进、活动联合开展、各自体现特色、突出实际成效的原则,联合组织精干力量,发挥多方力量攻坚克难,着力打造各具特色的活动品牌。

## (三)取得的成效

1.勇当领头雁,党员在关键时刻站出来

生命重于泰山,疫情就是命令。在新冠疫情防控时期,院直党支部全体党员坚决贯彻落实学校、学院关于疫情防控工作的决策部署，积极参与到疫情防控的第一线，以实际行动践行党员初心和使命。在疫情防控关键时期，支部 4 名党员住校战疫，守护学生和学校秩序。

2.凸显头雁效应，推动学院高质量发展

自“头雁”品牌创建以来，党支部的战斗堡垒作用和党员的先锋模范作用更加凸显。院直党支部获评学校五星级党支部，支部党员中 1 人获评学校优秀党务工作者，2 人获评学校优秀共产党员，1 人获评学校“十佳工作者”。支部党员积极联系企业捐赠智能照明疏散系统用于教学实验；支部党员周培祥、张艳玲和刘伟伟指导学生参加“蓝桥杯”大赛、全国大学生智能汽车竞赛、全国大学生电子设计竞赛、山东省大学生科普创新设计与展示大赛、山东省物联网创造力大赛等学科竞赛，获得多项国家级和省级竞赛奖励。

院直党支部与结对企业党支部同上一堂党课

**启示：**山东建筑大学信息与电气工程学院院直党支部精心培育“头雁”党建联建品牌，与济南中建建筑设计院有限公司工程咨询分公司党支部结对共建。双方党支部签订党支部结对共建协议书，为党建联建提供组织保障。双方实现了政治理论联学、优势资源联享、主题党日活动联办、党员队伍联建，有效提升了“三会一课”学习效果，共同培育党建工作优质成果，探索建立了校企党组织联建的新模式，为结对双方党建工作注入了新的活力，有力推动了校企合作走深走实。

## 案例三:党建聚力　搭建研究生能力提升平台

山东建筑大学信息与电气工程学院研究生第二党支部精心培育“筑基强能”党建联建品牌,发挥支部组织优势,服务学术科研和实践需求,搭建研究生能力提升平台,组织校企党支部同上一堂党课,丰富学生“学习—实习—就业”多元培养体系,提升研究生党员和入党积极分子的实践能力,构建党建联建的长效机制。

### (一)目标与思路

研究生第二党支部通过开展党建联建活动,指导研究生明确职业发展规划,助力校企党建交流、就业实践方面的合作,促进党建质量全面创优,为研究生高质量就业做贡献。依托学院教师、校友资源,支部开展党组织结对共建,引导研究生走出实验室,走进企业,开展座谈交流、项目观摩、党员互学等活动,加大互动深度和力度。支部充分发挥“筑基强能”党建联建作用,构建党建联建的长效机制,服务研究生在学术科研、创新实践、就业创业等方面的需求,为研究生能力提升搭建平台,解决研究生职业困惑,帮助研究生加深行业认识,掌握职业生涯规划方法,树立合理的职业目标,提升创新实践能力,增强研究生第二党支部的组织力、凝聚力和战斗力。

### (二)具体做法

1.同上一堂党课——“学习科技小院吃苦精神,做‘自找苦吃’新时代青年”主题党日活动

五四青年节之际,习近平总书记给中国农业大学科技小院学生作出了回信。党支部主动对接山东建筑大学省派第一书记梁洪峰、李嘉麒等四位老师,联系共青团乐陵市委、乐陵市农业农村局、花园镇人民政府、中国农业大学科技小院负责人,前往山东省首家科技小院——乐陵市科技小院共同组织“学习科技小院吃苦精神,做‘自找苦吃’新时代青年”主题党日活动,研究生第二党支部党员代表参加本次活动。主题党日活动分为参观科技小院、座谈交流、参观试验田三个环节。乐陵市科技小院运营 9 年以来,累计开展作物高产种植技术培训 60 余场,培训农民 1500 余人次。科技小院讲解员是青岛农业大学在读研究生,回顾一届又一届农学人下沉农业农村一线,在乐陵这片广袤的土地挥洒汗水,

和农民同吃、同住、同劳动，把课堂、实验室搬到田间地头，志存高远，脚踏实地，甘愿“自找苦吃”的青春故事，践行了“把论文写在祖国大地上”。共青团乐陵市委副书记、乐陵市农业农村局负责人、花园镇人民政府副镇长、研究生第二党支部师生代表进行了学习发言。通过交流，支部成员感受到了习近平总书记对青年的关心和期望，青春乐陵、德州日报、乐陵市融媒体中心对活动给予了宣传报道。

2.研究生求职系列活动——访企拓岗签约实践基地

党支部紧扣研究生需求，帮助党员和入党积极分子增强行业认知。支部组织党员、入党积极分子参观山东强军电缆有限公司，并在山东强军电缆有限公司设立山东建筑大学社会实践基地，山东建筑大学离退休工作处处长、省派第一书记梁洪峰和乐陵市妇联党组书记、主席王静共同为山东建筑大学社会实践基地挂牌。企业负责人就运营情况和创业经验做了发言，研究生第二党支部书记孙玉冰汇报了支部情况。实践基地成立后，充分发挥桥梁和纽带作用，推进乐陵市企业与山东建筑大学团队的交流，深入开展产学研合作，打造“校企联手、自主互动、共建共享、合作发展”的实践育人模式，为推动乡村振兴发展注入新动能。

### （三）取得的成效

1.增强了党支部凝聚力、向心力，强化了支部党员宗旨意识

党建联建品牌培育创建以来，充分发挥党支部的战斗堡垒作用，激励广大党员拼搏在前，形成推动发展的“向心力”。党支部认真开展“三会一课”、主题党日活动等，让广大党员在党内政治生活的“大熔炉”中不断锤炼党性修养。疫情防控关键时期，党支部书记全程入住学生宿舍并担任层长，密切关注学生学习、生活和心理动态，做好本楼层安全稳定工作。关心关注考研学生学习生活状态，为身体不适的学生及时提供药品和口罩，累计为 50 余名学生解决急难愁盼问题。研究生党员全部奋斗在各个宿舍楼层的抗疫一线，人均服务时长 30 小时。

2.学习工作带头示范，充分发挥了党员先锋模范作用

党建联建品牌培育创建以来，支部党员党性意识明显增强，带头参与社会工作和科技创新竞赛，党员示范带动成效显著。党支部书记孙玉冰录制的党课“学习党的青年运动史，做新时代的追梦人”获评 2023 年学校精品党课，以“思想闪耀　行动指南——中国共产党的指导思想”为主题开展党课两次，并获评

2023年学校优秀党务工作者。支部委员孙昊担任校团委兼职副书记，获评2023年学校优秀共产党员、济南市优秀共青团员、历城区青年志愿服务先进个人等荣誉称号。支部成员王乾、张文超获年度国家奖学金。一年来，支部成员共发表SCI论文9篇，EI会议论文10篇，CSCD论文1篇，SCD论文10篇，科技竞赛获奖4项。

3.争当就业先锋，实现了研究生高质量充分就业

支部毕业生党员凭着较高的道德素养、踏实的工作态度、扎实的专业知识、吃苦耐劳的敬业精神，备受用人单位好评。研究生党员把个人的理想追求融入党和国家事业之中，积极考博、考公、考编，进入国企、央企等单位工作。同时，毕业生党员发挥先锋模范作用，主动关注就业形势，充分发挥自身的就业宣传、就业帮扶以及就业引领作用，学院2023届研究生全部顺利就业。

信息与电气工程学院研究生第二党支部开展“学习科技小院吃苦精神，做‘自找苦吃’新时代青年”主题党日活动

在山东强军电缆有限公司建立山东建筑大学社会实践基地

**启示：**山东建筑大学信息与电气工程学院研究生第二党支部精心培育“筑基强能”党建联建品牌，发挥研究生党支部组织优势，服务研究生的学术科研、创新实践、就业创业需求，构建党建联建的长效机制，为研究生能力提升搭建平台。与联建党支部同上一堂党课，开展“学习科技小院吃苦精神，做‘自找苦吃’新时代青年”主题党日活动。走访用人单位，在山东强军电缆有限公司设立山东建筑大学社会实践基地，丰富学生“学习—实习—就业”多元培养体系。“筑基强能”党建联建品牌创建以来，进一步增强了党支部的凝聚力和向心力，研究生素质能力显著增强，2023届研究生毕业生就业率达到100%。

## 案例四：“知行合一”社区实践与志愿服务党建品牌创建

山东建筑大学信息与电气工程学院本科生第三党支部落实新时代高校党建和思想政治教育工作要求，培育“知行合一”社区实践与志愿服务党建品牌，号召全体支部党员走进社区，开展“一名党员，一面旗帜；一个支部，一座堡垒”的先锋示范工程建设，积极发扬“奉献、友爱、互助、进步”的志愿者精神。工作开展富有特色，取得明显实效。

### （一）目标与思路

坚持为党育人和为国育才，把握教育规律和青年学生身心发展规律，努力培养德智体美劳全面发展的社会主义建设者和接班人。本科生第三党支部多次召开会议研究和部署，制定党员志愿者服务活动方案，充分发挥党支部的先锋堡垒作用，推进支部全体党员进社区，充分发挥共产党员的先锋模范作用，打造以“知行合一”为主题的社区实践与志愿服务党建品牌，建立结对共建工作体系，建设并发挥学生社区党建思政园地、党员示范岗的平台作用。

### （二）具体做法

1.开展金晖助老志愿服务

支部党员走进济南华森老年公寓，与老人们促膝谈心，询问老人的身体情况和生活所需，帮助老人们解决出行、购物、使用智能手机等方面的困难，务实开展助老“金晖行动”。在公寓内，支部党员为老人们表演节目，宣传用水用电等基本安全常识，同时为老人整理房间、清扫落叶、拔除杂草、清理卫生，营造干净舒适的环境，用实际行动弘扬中华优秀传统美德，增强学生党员的志愿服务意识。

2.宣传垃圾分类知识

在神武社区，学生党员们向社区居民发放编印的垃圾分类宣传单，耐心细致地介绍如何进行垃圾分类，倡导“从我做起”，正确区分有价值的可回收物，提高正确投放率。学生党员们定点值守社区垃圾回收处，发放生活垃圾分类收集袋，为居民进行废纸、废塑料、废金属、废玻璃、废织物、废弃电器电子产品六种可回收物分类指导，介绍不宜列为可回收物的垃圾品类，同时向社区居民宣传环保知识，呼吁大家一起保护环境，巩固文明城市建设成果。

3.开展防诈骗行动

学生党员通过与社区居民交流、张贴海报、发放传单等形式在社区内进行防诈骗宣传，使用通俗易懂的语言向居民讲述电信网络诈骗的常用方法，提醒社区居民不参与网络投资、网络贷款、网络刷单等，不为贪图小便宜扫码或点击陌生链接，不随意帮助他人尤其是陌生人进行转账、汇款等，增强社区居民的防诈骗意识，提升社区居民对于诈骗手段的了解，搜集社区诈骗案例并积极转发，通过真实案例发挥防诈骗警示作用，加强居民对防范个人信息泄露的重视程度，使居民在遇到诈骗时能主动、及时向警方报案，并提供有关犯罪证据资料，为防范诈骗工作提供强有力的支持。

4.维护社区卫生环境

为营造清洁有序的社区环境，增强市民爱护环境的意识，党支部组织开展社区环境卫生清洁行动，党员们在多个社区重点清理社区卫生死角、居民楼乱堆放的杂物，对社区墙壁、停车站牌、电线杆上的各类乱贴乱画、广告贴纸进行清理，同时，学生党员们还广泛发动本社区居民积极参与环境卫生清洁，志愿者们埋头苦干、团结协作，充分发扬不怕脏不怕累的志愿者精神，使整个社区环境焕然一新，受到了当地居民的一致好评。

5.致敬英雄楷模

在神武社区，支部党员来到全国诚实守信模范刘延宝老人的家中慰问，认真聆听老人世代守护革命烈士墓的故事，并向老人表达崇高的敬意。党员们将老人忠义守信的精神存于心、见于行。同时，党员们来到神武革命烈士墓，神武社区工作人员为大家讲述革命烈士不畏牺牲、英勇斗争的英雄事迹，在场师生肃然起敬。党员们怀着敬意认真打扫环境卫生，扫走枯枝落叶，大家缓步沿碑行走，瞻仰英烈，并在“人民英雄永垂不朽”纪念碑前默哀，表达对革命烈士的沉痛哀悼和深切思念。

（三）取得的成效

1.切实加强了大学生的思想政治教育

学生党员通过参与社区实践加强了对社会的认知，更加深入学习领会了党的二十大精神，增强了学生党员回馈社会的责任感和使命感，在志愿服务中将理论与实践相结合，发扬了学生党员的无私奉献精神，激发了对社会发展的关注和参与意识，有效提高了大学生的思想政治素养。

2.彰显了大学生党员的先锋模范作用

学生党员通过积极参与社区实践，树立了党员的先锋模范形象，体现了全心全意为人民服务的宗旨，真正做到了“党员身份亮出来，庄严承诺做出来，先锋形象树起来”。

3.有效助力社区发展

学生党员在社区实践中承担了一些社区建设和服务项目，如环境整治、垃圾分类知识普及、防诈骗宣传等，覆盖人群超过了社区人数的50%，为社区发展贡献了自己的力量。

4.有效培养了学生党员的团队合作和组织能力

学生党员在社区实践中与其他志愿者和社区居民合作，培养了团队合作精神和协调组织能力，以实际行动展示了基层党组织的组织力和学生党员的执行力。

信息与电气工程学院本科生第三党支部赴社区进行实践与志愿服务活动

**启示：**山东建筑大学信息与电气工程学院本科生第三党支部精心培育“知行合一”社区实践与志愿服务党建品牌，与学校驻地附近的神武社区开展广泛的党建联建活动。注重发挥联建党组织的资源优势，开展金晖助老志愿服务，宣传垃圾分类知识，开展防诈骗行动，维护社区卫生环境，致敬英雄楷模等。学生党员积极参与“知行合一”社区实践与志愿服务，在志愿服务中实现理论与实践相结合，增强了党性观念和宗旨意识，为社区的发展和进步贡献了自己的力量，彰显了党员的先锋模范作用。社区党组织积极为高校开展党员教育、大学生实践提供平台和红色资源，师生党员聆听英雄模范事迹、祭扫神武革命烈士墓等，更加坚定了传承红色基因、争做堪当民族复兴大任的时代新人的信心和决心。

## 案例五：构建高校师生党支部共建育人机制

为落实立德树人根本任务，助推高校党组织育人功能发挥，山东建筑大学信息与电气工程学院本科生第五党支部秉承协同育人、互惠双赢、资源共享、可持续发展的原则，与山东建筑大学纪委、监察专员办公室党支部，学报编辑部党支部，物联网工程教研室党支部开展结对共建活动，探索师生党支部共建育人机制。中国网以《师生党支部结对共建　提升基层党建工作质效》为题对经验做法给予了报道。

### （一）目标与思路

信息与电气工程学院本科生第五党支部探索构建师生党支部共建育人机制，以组建结对共建支部、确定年度重点工作任务、定期沟通交流三大运行机制为共建育人模式提供保障。聚焦思想引领——师生党支部同上一次党课、共同开展一次党性教育、共同开展一次精品主题党日活动。立足专业培养——以学术为载体，丰富共建活动内容；以竞赛为抓手，发挥“头雁”领航作用；以技能为支撑，整合吸纳各方资源。开展结对帮扶——教工与学生结对，精准帮扶困难学生；教师与学生结对，大力推动就业创业；学生与学生结对，重点开展学风建设，保障党支部战斗堡垒作用的发挥。

### （二）具体做法

1.组建结对共建党支部，构建长效机制

开展“党建赋能聚合力·师生共建谱新篇”支部结对共建交流会，四方党支部书记共同签署党支部结对共建协议书，成立共建工作联系小组，充分发挥结对党组织的优势，提高党建工作水平。建立会商机制，商讨学期及年度重点工作计划，依据各支部工作重点及特色规划党建共建活动，推动支部共建特色化、品牌化。

2.共同开展主题党日活动，推进协同育人

一是开展廉洁主题党日活动。全体学生党员参观由山东建筑大学纪委、监察专员办公室主办的“青莲”廉洁书画作品展，学生党员通过观展接受廉洁文化熏陶，从不同艺术表现形式中领会学校廉洁文化的生动内涵。二是开展学术主题党日活动。学报编辑部党支部和信息与电气工程学院物联网工程教研室党支部、信息与电气工程学院本科生第五党支部联合举办写作素养提升讲座，邀请济南大学学报主编、编辑部主任刘飏与山东建筑大学学报编辑耿斐两位老师担任主讲，为师生提升论文写作能力、规范学术成果发表指明了方向，使得工科类学生更好地理解了科技论文的写作要求和规范，帮助同学们提升了学术论文写作水平。

3.开展师生结对帮扶活动，促进业务融合

一是指导学生参加学科竞赛。教师党员指导和帮助学生党员们组建创新活动小组，学生党员担任组长并带领同学们组建参赛队伍，以党建带动团建，激发学生参赛热情，营造积极的竞赛氛围。组织开展华为ICT大赛网络云赛道技能培训，师生双方共同学习并获得行业相关资格证书。二是带领高年级党员访企拓岗。物联网工程教研室党支部积极推动校企合作，带领高年级学生访企拓岗，深入企业，深入一线，推进毕业生更高质量更充分就业。师生党支部共同走进橙色云互联网设计有限公司、东方电子集团有限公司、烟台东方瑞创达电子科技有限公司，实地参观企业现代化管理、先进生产线，深刻领会企业取得的显著成绩以及背后的辛勤付出和创新精神，对自身就业方向和发展目标有了更明确的认识。

4.开展学生党员辅学活动，发挥榜样作用

党支部通过“对标需求、集中辅导、持续督学、跟踪反馈”模式，由成绩优异的学生党员担任主讲，开展学业集中辅导6次，内容涵盖模拟电子技术、自动控制理论、数字电子技术、单片机原理与应用4门课程，共计服务超110人次，辅导时长400余分钟。活动期间，主讲党员认真备课、梳理重点、耐心辅导，充分发挥了党员先锋模范作用，树立了党员先锋形象，带动了学生整体素质的提高。

（三）取得的成效

1.创新支部党建工作新模式，增强支部组织生活吸引力和实效性

本科生第五党支部与山东建筑大学纪委、监察专员办公室党支部，山东建筑大学学报编辑部党支部，信息与电气工程学院物联网工程教研室党支部结对共建，探索建立了师生党支部优势互补、资源共享、共同发展的党建工作新模式，促进了教师与学生的交流沟通。党支部书记立项校级党建特色创新项目“高校师生党支部共建育人机制”。通过系列活动的开展，改变了过去单一、传统的支部活动方式，创新并丰富了大学生党员的支部生活，有力推动了党组织的活动创新，有力提升了学生党员的能力和支部组织生活的吸引力、针对性、实效性。

2.切实发挥协同育人作用，带动学生整体素质提高

通过师生党支部结对共建活动，促进了物联网工程专业学生与教师之间的互动交流，强化了学生对所学专业研究方向、研究内容的了解，增强了学生的专业自豪感和学术自信心。支部党员积极参与学科竞赛，坚持以赛促学、以赛促创，学生支部成员竞赛参与率超过 80%，其中由教师党员带队、学生党员担任组长的科技活动小组荣获华为 ICT 大赛 2023～2024 中国区山东省实践赛本科云赛道三等奖 2 项，创此类竞赛获奖项目数新高；教师党员带领支部学生党员参加了 2023 年全国大学生电子设计竞赛，获省级一等奖 2 项，其中 1 项推荐国家奖。

3.切实增强宗旨意识，以生为本解决学生急难愁盼

师生党支部共建坚持需求导向，坚持以学生为中心，立足发挥党员作用，解决学生的急难愁盼问题，如在党员先锋辅学活动中，支部成员带领一个班级、一个宿舍或一名学业困难学生提高成绩，为学业困难学生组织开展集中辅导，学期初专业补考通过率超过 70%。在师生党支部访企拓岗活动中，学生党员积极参与实习与就业，物联网工程专业 2024 届毕业生就业去向落实率名列前茅。

**启示：**信息与电气工程学院本科生第五党支部着力构建高校师生党支部共建育人机制，与山东建筑大学纪委、监察专员办公室党支部，学报编辑部党支部，物联网工程教研室党支部开展结对共建活动。注重师生党支部联建的顶层设计，以组建结对共建支部、确定年度重点工作任务、定期沟通交流三大运行机

制为保障，重点开展思想引领、专业培养、结对帮扶，探索出了师生党建共建育人机制。在师生党建联建过程中，注重发挥各党支部优势和作用，如山东建筑大学纪委、监察专员办公室党支部牵头组织“青莲”廉洁书画作品展，学报编辑部党支部牵头组织写作素养提升讲座，物联网工程教研室党支部在竞赛指导、就业指导、学生帮扶中发挥重要作用，本科生第五党支部及时沟通反馈学生需求，在实现“全员育人”、提升教育教学效果、发动组织学生等工作中起到重要作用。

# 第四章　高校党建赋能学生成才品牌创建

高校党建赋能学生成才品牌创建是落实立德树人根本任务，培养新时代高素质人才的重要举措。高校基层党组织要深刻领会党建赋能学生成才品牌创建的重要意义，准确把握党建赋能学生成才品牌创建的实施路径，实现党建工作与业务工作的融合协同发展。

## 第一节　高校党建赋能学生成才品牌创建的价值体现

习近平总书记在党的二十大报告中明确强调，“增强党组织政治功能和组织功能”，“坚持大抓基层的鲜明导向”，“把基层党组织建设成为有效实现党的领导的坚强战斗堡垒”，“激励党员发挥先锋模范作用”，“保持党员队伍先进性和纯洁性”。① 立德树人是高等教育的根本任务，高校作为教育的实施主体之一，要将大学生思政工作作为开展党的建设工作的关键手段，并将其融会贯通，推动党的建设和思政教育在育人方面同向同行，进而使其效果得到强化。当前高校推动党建品牌建设，一方面已成为促进基层党组织开拓革新取得显著成效的重要举措，另一方面对党建工作本身而言，在加强党建功能、刻画党建形象层面有着显而易见的理论支撑和实践指导意义。创建特色鲜明、意蕴深刻的党建品牌，要在质量品质、载体平台、理论维度三个方面下功夫，促使党建工作在强

① 习近平：《高举中国特色社会主义伟大旗帜　为全面建设社会主义现代化国家而团结奋斗——在中国共产党第二十次全国代表大会上的报告》，人民出版社2022年版，第67、68页。

思想、接地气、有趣味中获得提升，达到入脑入心入行、真知真懂真用的实用效果。

高校党建赋能学生成才品牌创建的价值体现在提升学生思想政治素养、促进学生全面发展、提升学校声誉和竞争力等方面。党建品牌的打造既是学校党建工作的需要，也是为学生提供更好教育和发展机会的需要。

## 一、高校党建赋能学生成才品牌创建是有力提升学生思想政治素养的重要抓手

高校党建赋能学生成才品牌创建可以通过向学生传递党的理论知识、核心价值观和党的历史，引导学生传承红色基因，形成正确的政治信仰，培养高尚的道德情操，是提升学生思政政治素养的重要抓手。学生在党建品牌的熏陶和影响下，树立正确的世界观、人生观和价值观，提高对党的忠诚度和归属感。高校党建赋能学生成才品牌创建可以通过开展党课、党支部活动等形式，培养学生政治思维意识和系统思维能力。学生通过学习党的理论和党的方针政策，能够更深入地理解和分析复杂的社会问题，提高解决问题的能力。从推动创建党建品牌的角度而言，依托社会实践、志愿服务活动等常规组织形式，学生能够更加深入地了解民生需求，提高对社会发展的关注度和参与意识，不仅可以培养自身的社会责任，而且可以增强自身作为社会公民的身份认同感。学生通过参与党建品牌创建活动，了解社会问题，参与公益事业，提高对社会发展和国家利益的关注度和贡献度。高校党建赋能学生成才品牌创建可以通过宣传党的光辉历史和英模事迹，引导学生树立良好的品德和道德观念。学生在党建品牌的影响下，能够实现对真、善、美的价值追求，弘扬社会正气，形成健康的行为习惯和良好的人际关系。

## 二、高校党建赋能学生成才品牌创建是有力促进学生全面发展的重要途径

高校党建赋能学生成才品牌创建，充分发挥党支部的组织优势，通过开展红色社会实践、志愿服务、一对一党员帮扶、党员示范活动、党建带团建活动等，可以直接促进学生的学业水平、创新实践能力、组织协调能力、团队协作能力等素质的提升，是促进学生全面发展的重要途径。高校党组织动员引导学生党员、入党积极分子投身红色实践、志愿服务等，有效提高了学生的社会适应能力

和实践动手能力。高校党组织针对学业困难、家庭困难、就业困难等学生群体开展有针对性的一对一党员帮扶活动，学生党员以实际行动落实全心全意为人民服务的根本宗旨，解决学生实际困难。高校党组织开展党员示范活动，每名学生党员努力做学业先锋、就业创业先锋、科技创新先锋、实践先锋、新生教育先锋等，鼓励学生党员创先争优的同时带动了学生整体素质的提高。学生党员组织开展各类党建活动，在这一过程中提升了自身的领导能力、组织协调能力和决策能力。党建活动通常是以小组或团队形式进行的，学生党员、入党积极分子在参与党建品牌活动的过程中，需要与他人合作完成任务，这能够培养其团队合作精神，使其学会倾听和尊重他人的意见，提高其解决问题的能力。

## 三、高校党建赋能学生成才品牌创建能够有力提升学校声誉和竞争力

高校党建赋能学生成才品牌创建，可以通过组织各类党建活动和培养学生党员的党性修养，帮助学校树立优良的形象。学校在创建党建品牌的过程中展现出党校一体、教书育人、立德树人的特色，在社会中具备较高的认可度和美誉度；党建品牌的建设可以加强学校党组织的凝聚力，推动全校师生积极参与党建工作。发挥党建品牌的引领作用，可以形成大家同心协力、共同奋斗的氛围，提高学校的整体战斗力；党建品牌的建设可以引导学校教育教学改革的深入开展。通过党建品牌的理念和价值观引领，学校可以加强师德师风建设，推动教师专业发展和课程建设，提升教育教学质量，从而提高学校的教育影响力和竞争力；党建品牌的建设可以丰富学校的校园文化内涵，营造积极健康的文化氛围。通过党支部活动、党员实践等形式，学校不仅能够对师生进行思想教育，还可以组织丰富多样的文化活动，增强学生的社交体验和创新能力，提升学校的文化品位和吸引力。党建品牌的建设可以帮助学校增进与校友企业的合作。校友企业在校友资源、资金捐赠、校企合作等方面对学校的发展具有重要作用，而一个具有良好党建品牌的学校会给校友企业留下深刻印象，并增强校友企业对学校的信任和支持。

此外，高校党建赋能学生成才品牌创建，也有助于构建和谐校园文化。党建工作是培养德智体美劳全面发展的社会主义建设者和接班人的重要途径，通过营造浓厚的党建氛围，可以促进学校师生之间的互相理解、支持和帮助，形成积极向上、团结友爱的校园文化，为学校的和谐稳定发展提供坚实的基础。

## 第二节　高校党建赋能学生成才品牌创建的策略

学生党建工作对于培养学生思想政治素养、提高学生综合素质和激发学生社会责任感具有重要意义。高校党建赋能学生成才品牌创建，是学生党建工作的重要内容，是党建品牌创建的重要领域。明确高校党建赋能学生成才品牌的定位和目标、建立健全运行机制和内容体系等，可有效打造具有较强影响力和吸引力的学生党建品牌，促进学生党建工作的深入开展。

### 一、目标与思路

高校要想明确党建赋能学生成才品牌的定位和目标，需要深入研究学生群体的特点和成才需求，结合学校、学院的实际情况和优势资源，确定核心价值和品牌特色，设定明确的目标受众和品牌目标，发挥党组织的组织优势，围绕创新竞赛、社会实践、志愿服务、学业指导等，以打造党员示范活动品牌、支部品牌为抓手，选择学生成才需求强烈、具有组织优势的项目创建党建品牌，并不断监测和调整，确保品牌与学生成才需求的契合，提升品牌的认可度和影响力。

信息与电气工程学院立足学生成才需求，优化党支部设置，在学院层面和支部层面开展党建赋能学生成才品牌创建。学院本科生党支部按照专业设置，研究生党支部按照学硕、专硕设置，专业教师党支部给予对应专业学生党支部常态化指导。学院在全体学生党员中开展“鸿雁”信电先锋党员示范活动，学生党员结合自身实际，每年从思想先锋、学业先锋、科技创新先锋、实践先锋、新生教育先锋和就业创业先锋中认领项目，发挥示范带动作用，带动学生整体素质提升。在师生党支部层面实施“一支部一品牌”创建。各教工党支部品牌创建主要围绕教育教学、学生培养、党建联建等方面，结合实际工作和党支部特点，学院共有 8 个教工党支部，其中有 4 个教工党支部培育创建“温故竞新、育电气英才”“‘星光课堂’课后教学服务”“党徽闪耀‘四驱’助教促学”“立足班主任，发挥党员模范作用”等活动，发挥党支部战斗堡垒作用，提升学生培养质效。各学生党支部侧重把品牌创建工作与思想政治教育、科技创新、志愿服务、社会实践、文化建设等有机结合，其中 3 个党支部开展鸿雁“三原色”党员志愿服务、“鸿雁”科创红、“鸿雁同行”本硕联动学业提升行动。党建赋能学生成才品牌创建以来,服务学生成才需求的同时有力提升了党组织的组织力、凝聚力和影响力。2022 年,信息与电气工程学院党委获评第二批山东党建工作标杆院系培育创建单位。2023 年,学院本科生第二党支部获评第三批山东党建工作样板支部培育创建单位。

## 二、高校党建赋能学生成才品牌创建的实施路径

高校各级党组织高度重视党建赋能学生成才品牌的创建,创新党建工作模式,发挥组织优势,从政治建设、党员示范活动、学科专业竞赛、社会实践、结对帮扶等方面,探索党建赋能学生成才品牌创建的实施路径,服务学生成才需求,切实提升学生的综合素质。

1.以政治建设为根本,提升学生思想政治素养

政治建设是党的根本性建设,对于党的建设方向和效果至关重要,因此必须将其作为首要任务。高校党组织作为党在高校的基层组织,要深入践行新时代党的建设总要求,全面推进以政治建设为统领的党的建设工作,把准政治方向、夯实政治根基、涵养政治生态,以党的政治建设带动新时代高校党建质量的持续提升,使高校成为坚持党的领导、培养德智体美劳全面发展的社会主义建设者和接班人的坚强阵地。高校各级党组织要坚持以政治建设为统领,坚持以习近平新时代中国特色社会主义思想为指导,以严肃党内政治生活、强化支部政治功能、提升党员政治能力为突破口,坚持党建引领,将育心、育人与育德相结合,注重挖掘强化党建品牌的思想育人功能,探索调动各级党组织在大学生思想引领中发挥作用的思路和举措,把服务学生与引领学生的理念紧密结合,使党组织成为服务学生、引领学生的"主心骨",提升青年学生的思想政治素养。

山东建筑大学信息与电气工程学院充分发挥党建品牌的思想育人作用,调动学生党支部参与大学生思想引领活动的主动性和创造性,并将红色基因融入青马团校培训、主题团日活动和青年大学习,构建"砥砺奋进""青春献礼""学思践悟""同心筑梦"四层次分类一体化思想引领工作体系。各学生党支部轮流承担青年大学习的领学任务,负责落实主题、整理编发学习资料和组织开展活动,有力推进了团员教育的规范化和科学化。

2.以党员示范活动为依托,带动学生综合素质提升

把大学生培养成为德智体美劳全面发展的社会主义建设者和接班人,是高校党组织的重要工作。开展党员示范活动是深入开展党员先进性教育的重要

内容，是进一步加强和改进大学生思想政治工作的重要措施，是学生党员提高党性修养和综合素质的重要保证，是学生党员立足岗位、投身实践、增长才干的重要途径，也是新形势下加强高等院校学生党员教育的一个重要课题。实践证明，以党员示范活动为依托，能充分发挥学生党员先锋模范作用，强化大学生党员的身份意识、责任意识，带动学生综合素质的提升。高校要在学业、生活、实践中探索开展“菜单式”点选模式，鼓励学生党员自主“点单”选项目，相关教师按需“配菜”提供指导，推动产出一份份“冒热气”的优质“菜品”，推动党员教育提质增效。

自2021年以来，山东建筑大学信息与电气工程学院立足学生成长成才需求，每年开展“鸿雁”信电先锋党员示范活动。每名学生党员每年结合自身实际，从思想先锋、学业先锋、科技创新先锋、实践先锋、新生教育先锋和就业创业先锋等项目中至少选择1项参加。每个项目都可量化评价，便于党员自我评价和学院考核。活动实施注重过程管理，采取项目化运作，在项目实施过程中形成“发起号召—提交项目提案—进行阶段交流—执行项目总结—反馈加以调整”五项进程联动推进的闭环格局，保证活动效果的良好体现。2021年学生党员共帮助92名学生实现了考试不及格门次大幅减少，有4名学生党员选择担任新生辅导员助理，12名学生党员组队参加科技竞赛和社会实践活动，71名党员选择帮扶同学就业，树立了党员先锋形象，增强了学生党员的党性观念及服务意识，带动了学生整体素质的提高。

3.以学科专业竞赛为抓手，提升学生实践创新能力

学科专业竞赛是高校培养人才的重要途径，是学校实践教学的重要环节，在培养学生实践创新能力、推动学生个性化发展及提升人才培养质量方面具有重要价值。高校基层党组织直接与师生建立联系并提供相应服务，肩负着将党的方针、政策切实贯彻到具体行动中的重大使命，是确保党在高校各项工作中发挥引领作用与战斗力的基石。高校基层党组织要充分认识到学科竞赛对加强专业建设、深化实践教学及推动教学改革所起到的关键作用，发挥组织优势，以党建品牌赋能学生实践创新能力提升。高校各级党组织要结合学科专业特点，弘扬“以赛促学”的理念，探索创建提升学科竞赛能力的党建品牌，组织学生党员积极投身创新项目和科技竞赛，做提升创新实践能力的带头示范者；倡导教师积极投身学生竞赛项目培育和指导工作，做学生创新竞赛的引路人和提升教学质量的探索者，鼓励各年级学生参与各类专业赛事，支持学院学生在专业

领域突破创新。

山东建筑大学信息与电气工程学院立足学生创新能力提升的需求，发挥党组织的组织优势，党建品牌创建内容聚焦学生创新能力提升，师生党员示范带动，班主任、学业导师、专业教师积极参与，助力构建学生、团队、项目、导师、竞赛“五位一体”的创新创业教育体系，实现了党建工作与业务工作的深度融合发展。学院每年开展学生党员示范活动，每年评选“科技创新先锋”，学生党员作为队长或主要负责人组队参加省级及以上竞赛，并提交完成作品，以带动学生创新精神和实践能力的提高。学院在党员发展中坚持标准、规范程序，对在学科竞赛中取得突出成绩、做出突出贡献、起到模范带头作用的学生，在推荐党员发展对象时优先推荐。师生党支部立足实际，创建了多个以学生创新能力提升为目标的支部党建品牌。本科生第五党支部创建“鸿雁”科创红党建品牌，党建赋能学生创新能力提升，强化思想政治引领，凸显“红色基因”，促进党建与科技创新工作深度融合；以党员开展学业辅导、专业竞赛带动示范为载体，使学生党员在“比学赶超”中成为科技创新骨干，带动本专业学生创新能力提升，实现以党建引领激发创新原动力，助力培养高素质、强实践的应用型人才。电工学教研室与电工电子实验中心党支部结合支部特点，培育“党徽闪耀‘四驱’助教促学”党建品牌，依托电工学教研室和电工电子实验中心、电工电子省级教学示范中心、大学生创新中心、大学生创业中心四个创新实践载体，驱动提升实验人员管理服务意识、实验室维护保障能力、学生竞赛组织机制和学生素质能力培养，承担学院的“蓝桥杯”大赛、全国大学生智能汽车竞赛、全国大学生电子设计竞赛的一系列组织工作，有力推动科研、教学、教研、学生竞赛方面取得新进步、新成果，在实验实训中不断强化学生安全意识、工程素养和科学精神。电气工程及其自动化教研室党支部培育“温故竞新、育电气英才”支部品牌，支部教师党员一对一帮扶学业困难学生，针对本专业学生开展学科竞赛辅导，举办学术成果海报展示比赛，有力提升电气专业学生的专业水平和创新能力。近年来，学院学生科技竞赛获奖数量显著提升，学生的综合能力得到显著增加，深受用人单位青睐，学院连年获评学校就业工作先进单位。

4.以社会实践为载体，构建实践育人共同体

高校基层党建工作赋能大学生社会实践，能够让学生了解党的政策方针，使党建工作更接地气，更生动活泼。高校在党建工作中有着自身的优势，在充分重视理论知识对大学生党员的培养的同时，还应该积极探索高校与地方的社

会实践平台建设，构建实践育人体系，党组织发动党员示范带动更多大学生投身社会实践。党建引领建设高校实践育人共同体，是新时代教育高质量发展的基础性工作和系统性工程。高校要积极推动党建引领高校实践育人共同体建设，引导学生积极参加社会实践，鼓励学生学以致用，在社会的大舞台中受教育、长才干、做贡献，查找不足，锻炼和提高能力，用自己的知识回报社会，以青春投身社会实践的大舞台。

山东建筑大学信息与电气工程学院各级党组织进行党建品牌创建，充分发挥党组织的组织优势，开展了形式多样的理论宣讲、社会实践、志愿服务、文化宣传等活动，学院党委、各党支部精心组织实施，党员率先示范，党建引领实践育人谱新篇。学院“鸿雁”大学生宣讲团每年开展红色实践，实践团走进济南解放阁、临沂九间棚等红色基地，讲述革命故事，将理论宣讲带入乡村田间、街道社区，形成《义起徂徕——抗战卫山东》等宣讲视频，坚定传播青春正能量。本科生第二党支部精心培育鸿雁“三原色”党员志愿服务品牌，以党员为主体，入党积极分子、青年团员积极参与志愿服务，以维护校园环境，开展校园植绿活动和日常养护，呼吁保护环境、健康出行等方式，为维护蓝天美丽校园贡献一份力量。通过开展鸿雁“三原色”党员志愿服务，有效增强党员学生的党性意识、劳动意识和环境保护意识。学生社团国学社以学生党员为骨干，教师党员、辅导员张辉担任社团指导教师，每年组织国学下乡等主题社会实践活动，多次获评省级优秀实践团队。“圆梦”实践团前往济南市剪纸艺术院，探索中国古老民间艺术剪纸的历史脉络与精彩奥妙。“寻脉”实践团走进聊城市东阿县探访阿胶制作的传统工艺，走进滨州市无棣县体验黄河泥塑和麻绳编织的传统工艺，走进潍坊十笏园领略传统建筑和园林艺术的美，走进章丘吕家村感受麦秆画的精彩。“思源”实践团前往即墨区，体验周戈庄上网节、盟旺山庙会、即墨黄酒封坛仪式等，以实际行动传承和弘扬非遗文化，传承和弘扬中华优秀传统文化已成为山东建筑大学校园里的新风尚。

5.以结对帮扶为手段，提升精准化学生指导质效

高校是人才聚集之地，是为国家培养人才的基地，在中国特色社会主义事业进入新时代的今天，高校党建工作要不断创新工作思路，以适应当前新形势下的新变化。各高校要以结对帮扶为手段，有效发挥师生党员优势，将党建工作与师生参与最多、关心最多的领域相结合，在实现高校党建工作具体化、高效化、精准化的同时，促进学生全面发展、成长成才。高校各级党组织围绕学生发展成才需

求和实际困难，通过开展各类师生结对帮扶、学生结对帮扶、党支部结对指导团支部建设等，建立科学的结对帮扶机制，有效促进了广大师生党员铭记党的宗旨，进一步增强了党员的政治荣誉感和党性认知，有效激发了党员发挥先锋模范作用的积极性，同时有针对的结对帮扶实现了对学生的精准指导，对提升党建工作水平、加强党员队伍建设和提升学生指导质效都具有重要意义。

山东建筑大学信息与电气工程学院注重发挥党员的先锋模范作用，开展各类师生结对帮扶和学生结对帮扶，探讨高校院系党建工作与精准化学生指导的融合优化路径，在机制、人员、资源三个方面构建多维度协同机制，形成示范效应和模式借鉴。关注班级、团支部建设、困难学生帮扶需求，聚焦学业困难学生、就业困难学生，师生党员与困难学生结对，开展长期帮扶；聚焦新生班级建设，实施学生党员带班工程，选择优秀高年级学生党员担任新生党员班主任；聚焦团支部建设，以党建带团建，指导团支部开展日常工作和推优入党工作。学院开展的“鸿雁”信电先锋党员示范活动中，每年评选学业先锋、新生教育先锋和就业创业先锋。认领学业先锋的学生党员根据自身实际，选择帮扶一个班级、一个宿舍或者一名学业困难学生，分别设立明确的帮扶任务。认领新生教育先锋的学生党员担任大一新生的学生党员辅导员，并对班级建设情况提出量化指标。认领就业创业先锋的学生党员，可以选择担任班级就业信息员，发布就业信息，协助学院开展各项就业工作，或在未就业学生中选择帮扶 1 人及以上顺利就业，或作为负责人组建创业团队，成功入驻学校创业园或取得公司营业执照。电气工程及其自动化教研室党支部“温故竞新、育电气英才”党建品牌，把教师党员一对一帮扶学业困难学生作为重要内容。电气专业基础教研室党支部创建“星光课堂”课后教学服务党建品牌，利用业余时间，面向本科生开展“星光课堂”课后教学服务，提高学生对知识的掌握程度，满足学业困难学生的需求，提升课程的教学质量，实现党建工作与教书育人主责主业的融合促进。

## 第三节　案例分析与启示

山东建筑大学信息与电气工程学院党委注重发挥基层党组织的组织优势，以高质量党建赋能学生成长成才。学院各级党组织结合实际聚焦学生成长成才，精心培育赋能学生成才的党建品牌。学院党委每年开展“鸿雁”信电先锋党员示范活动，有效推动全体学生素质提升。学生党支部精心培育“鸿雁”科创红党建品牌、鸿雁“三原色”党员志愿服务品牌。教工党支部精心培育“党徽闪耀‘四驱’助教促学”党建品牌、“温故竞新、育电气英才”党建品牌、“星光课堂”课后教学服务党建品牌等。广大党员带头服务讲奉献，带头干事促发展，提升学生能力素质的同时，有力促进党员个人成长发展。

## 案例一：“鸿雁”信电先锋党员示范活动实施方案和典型案例

### （一）实施方案

为发挥学生党员的先锋模范作用，建立党员教育长效机制，增强学生党员的使命感、责任感和基层党组织的凝聚力，使学生党员成为广大学生的表率和先锋，以实际行动践行党的宗旨，信息与电气工程学院决定在学生党员中开展“鸿雁”信电先锋党员示范活动。

1.目的意义

通过在全体学生党员中开展示范活动，建立常态化党员教育机制，提高党员教育时效性，切实增强学生党员的党性观念；促进学生党员成长成才，在各项学习工作中做表率，切实发挥党员先锋模范作用；发挥学生党员的带动作用，帮助学生解决实际问题，切实增强学生党员的宗旨意识，以此推动学生整体素质的提高。

2.参加对象

全体学生党员。

3.活动内容

学生党员示范活动内容为思想先锋、学业先锋、科技创新先锋、实践先锋、新生教育先锋、就业创业先锋六个方面。

学生党员从上述六个方面选择一项或多项参加。

具体内容如下：

(1)思想先锋。学生党员作为主要负责人策划、组织和实施主题党日活动，主题党日活动需经党委审批后方可落实；或作为“鸿雁”大学生宣讲团成员每学期至少面向同学宣讲两次。

(2)学业先锋。学生党员所在班级的期末考试不及格率需低于9%，或者同比上学期，不及格率降低至少5%；或者学生党员所在宿舍的全体学生在学期考试中实现不及格率为0；或者学生党员需一对一帮扶至少一名学业困难的学生，实现该学生在学期考试中不及格门次相比上学期减少2门及以上。

(3)科技创新先锋。学生党员作为队长或主要负责人组队参加省级及以上竞赛，并提交完成作品，以带动学生增强创新精神和实践能力。

(4)实践先锋。学生党员作为队长或主要负责人创立团队，参加社会实践活动，正式立项学院实践团队并顺利完成实践活动，提交实践报告。

(5)新生教育先锋。由学生党员担任大一新生的学生党员辅导员，积极协助辅导员和班主任进行新生的思想教育和日常管理工作，帮助新生快速适应大学环境，解决生活中的困惑，引导新生树立正确的人生观和价值观。同时，学生党员辅导员还应积极指导班委会和团支部委员会开展各项工作，提供必要的支持和建议；宣传党的理论创新成果，指导规范书写入党申请书等材料；要求所带班级学期不及格率低于10%，班级同学无违纪处分。

(6)就业创业先锋。学生党员担任班级就业信息员，发布就业信息，协助学院开展各项就业工作，或在未就业学生中选择帮扶1人及以上顺利就业，或作为负责人组建创业团队，成功入驻学校创业园或取得公司营业执照。

4.活动安排

活动部署组织实施日期为2024年1月至6月。

全体学生党员围绕六个项目进行申报，填写"鸿雁"信电先锋党员示范活动党支部汇总表和个人任务认领表并报学院党委备案，开展示范帮扶活动。各支部于2024年4月30日前召开"鸿雁"信电先锋党员示范活动中期调度总结大会，每名学生党员在大会上发言交流活动开展情况，填写"鸿雁"信电先锋党员示范活动学生党支部中期调度汇总表和总结表并报党委备案。

2024年6月上旬，各党支部深入反思并认真总结党员示范活动的经验，全面收集并整理活动的文字、图片以及视频等素材，以便为今后的工作提供参考和借鉴。要求文字精练、图片精致、视频清晰，能全方位体现党员们的先锋模范形象，并召开支部总结交流会，每名党员就参与党员示范活动情况进行总结汇报，填写"鸿雁"信电先锋党员示范活动汇总表和总结表，在6月30日之前汇总并提交至学院审核、备案。各支部推荐"先进个人"(人数比例待定)，经学院党委评议，评选出"先进个人"并进行表彰。

5.活动要求

(1)加强组织领导。各学生党支部书记为本支部学生党员各项活动第一责任人,要结合实际,抓好活动的开展。每名党员都应清晰确立个人的活动目标,并承诺每学期至少积极投身于一项活动中,以此践行党员责任,展示党员风采。由党支部书记负责审核认领项目,确保取得实效,发挥学生党员示范和带动作用。

(2)做好宣传动员。各学生党支部召开支部大会,进行宣传动员部署,让学生党员充分了解活动的重要性,引导每名学生党员结合自身实际认领活动项目。及时总结先进经验,选树优秀典型,并充分利用学校及学院各种媒体广泛宣传。

(3)注重总结交流。各党支部要对个人以及支部开展的活动进行总结,留好相关的档案材料。各支部通过召开示范活动中期调度总结大会,及时调度活动开展情况。活动结束后,召开支部总结交流会,交流经验,开拓思路。各支部注重挖掘宣传精品和典型活动,进一步深化和推广活动。

(4)建立评优机制。学院党委对每名党员以及党支部参与党员示范活动的情况进行汇总、考核。每学期评比一次,各支部推荐先进个人(人数比例待定),经学院党委评议,评选出先进个人,进行表彰。

**附件 1**

**“鸿雁”信电先锋党员示范活动学生党支部汇总表**

学生党支部名称:

| 姓名 | 认领活动项目 | 参与时间 | 简要描述活动内容 |
|---|---|---|---|
| | | | |
| | | | |
| | | | |
| | | | |

**附件 2**

**“鸿雁”信电先锋党员示范活动个人任务认领表**

<table>
<tr><td>姓名</td><td></td><td>班级</td><td></td><td>党支部名称</td><td></td></tr>
<tr><td>申报项目</td><td colspan="5">○思想先锋 ○学业先锋 ○科技创新先锋 ○实践先锋 ○新生教育先锋<br>○就业创业先锋</td></tr>
<tr><td>申报具体内容</td><td colspan="5"></td></tr>
<tr><td>活动开展计划</td><td colspan="5">（原状、如何开展工作、取得成效等）</td></tr>
<tr><td>备注</td><td colspan="5"></td></tr>
</table>

**附件 3**

**“鸿雁”信电先锋党员示范活动学生党支部中期调度汇总表**

学生党支部名称：

| 姓名 | 认领活动项目 | 参与时间 | 活动完成情况 | 下一步打算 |
|---|---|---|---|---|
| | | | | |
| | | | | |
| | | | | |

**附件 4**

**“鸿雁”信电先锋党员示范活动中期调度总结表**

| 姓名 | | 班级 | | 党支部名称 | |
|---|---|---|---|---|---|
| 申报项目 | ○思想先锋 ○学业先锋 ○科技创新先锋 ○实践先锋 ○新生教育先锋<br>○就业创业先锋 | | | | |
| 申报具体内容 | | | | | |
| 活动开展情况 | | | | | |
| 支部审核意见 | 支部书记签字：<br>年　月　日 | | | | |
| 备注 | | | | | |

**附件 5**

**“鸿雁”信电先锋党员示范活动汇总表**

党支部名称

| 姓名 | 认领活动项目 | 参与时间 | 活动完成情况 |
|---|---|---|---|
| | | | |
| | | | |
| | | | |
| | | | |

**附件 6**

**“鸿雁”信电先锋党员示范活动总结表**

<table>
<tr><td>姓名</td><td></td><td>班级</td><td></td><td>党支部名称</td><td></td></tr>
<tr><td>申报项目</td><td colspan="5">○思想先锋 ○学业先锋 ○科技创新先锋 ○实践先锋 ○新生教育先锋<br>○就业创业先锋</td></tr>
<tr><td>申报具体内容</td><td colspan="5"></td></tr>
<tr><td>活动开展情况</td><td colspan="5">（原状、如何开展工作、取得成效、收获体会、现状、下一步工作打算等）</td></tr>
<tr><td>支部审核意见</td><td colspan="5">支部书记签字：<br>年 月 日</td></tr>
<tr><td>备注</td><td colspan="5"></td></tr>
</table>

### （二）典型案例：发挥学生党员示范带动作用 助推学生整体素质提高

山东建筑大学信息与电气工程学院自 2021 年以来，每年开展“鸿雁”信电先锋党员示范活动，充分发挥学生党员的示范带动作用，让每名学生党员发挥特长争创先锋，带动一名学生或者一个团体提升发展，解决学生实际困难，服务学生成长需求，实现树立党员先锋形象、推动学院重点工作、提升学生整体素质的目标，是学院党建工作实现“头雁领航，群雁齐飞”效应的重要举措。

1.加强顶层设计，实现党员示范活动的可持续发展

学院持续拓展“鸿雁”信电先锋党员示范活动的内涵与外延。活动顶层设计始终恪守遵循育人规律、满足学生需求、彰显知行合一、实现可持续发展、强

化认知推广的原则，确保活动的科学性、针对性和实效性。内容设计既充分考虑学院重点工作和学生成长成才需求，又便于学生自我评价和量化考核。学生党员示范活动设置思想先锋、学业先锋、科技创新先锋、实践先锋、新生教育先锋、就业创业先锋六大项目，每名学生党员至少选择1项参加，每个项目设置具体任务指标，比如学业先锋任务指标为：学生党员所在班级的期末考试不及格率需低于9%，或者同比上学期不及格率降低至少5%；或者学生党员所在宿舍的全体学生在学期考试中实现不及格率为0；或者学生党员需一对一帮扶至少一名学业困难的学生，确保该学生在学期考试中不及格门次相比上学期减少2门及以上。任务指标可行性强、便于考核，有力推动了学生党员示范活动的可持续开展。

2.加强项目化管理，确保党员示范活动质效

活动推进采用项目化管理，确保各项活动有序进行，促使学生党员真正发挥先锋模范作用。活动组织架构、职责分工和考核办法明确，由学院党委统一领导，学生党支部具体负责，学生党员积极参与，形成了上下联动的工作格局。注重过程管理和结果导向相结合，不断建立健全活动组织管理机制，在项目实施过程中形成“发起号召—提交项目提案—进行阶段交流—执行项目总结—反馈加以调整”五项进程联动推进的闭环格局，保证了活动效果的良好体现。通过定期召开推进会、经验交流会等形式，及时了解活动进展，总结经验做法，解决问题困难。注重发挥学生党员的主动性和创造性，鼓励他们结合个人特长和兴趣，自主选择参与活动的项目。学生党员积极响应，纷纷投入各项活动中，通过实际行动积极发挥党员的先锋模范作用，不仅在思想引领上树立榜样，引导同学们树立正确的价值观和人生观，还在学习结对帮扶、科技竞赛、志愿服务活动等多个方面发挥重要作用。学生党员用自身的努力和付出，为学校的学风建设、科技创新和社会服务做出了积极贡献，带动了周围同学共同进步。学院注重活动经验的宣传和推广，通过学院党建专题网、公众号“信电红帆”等推广先进做法，不断增强活动影响力，进一步激发学生党员发挥先锋模范作用的热情和动力。

3.凸显示范带动作用，有力推动学院重点工作

“鸿雁”信电先锋党员示范活动自开展以来，成效显著，得到了广大师生的一致好评。在2024年“鸿雁”信电先锋党员示范活动中，全体学生党员认领项目，其中130人认领学业先锋项目，28人认领就业创业先锋项目，22人认领思

想先锋项目，22 人认领科技创新先锋项目，4 人认领实践先锋项目，7 人认领新生教育先锋项目，共帮助 197 名学生解决了学业困难问题，解决了 68 名同学在就业创业方面的难题，有 66 人组队参加科技竞赛和社会实践活动，有效增强了学生党员的党性观念及服务意识，带动了学生整体素质不断提高。通过活动的深入推进，学生党员们不仅充分发挥了先锋模范作用，也实现了自身的成长和进步。他们在学业上取得了更加优异的成绩，成为班级和宿舍的佼佼者；在科技创新和社会实践中，他们敢于创新、勇于实践，取得了多项成果和荣誉；在思想引领和志愿服务中，他们积极传递正能量，展现了党员的良好形象和风采。同时，活动的深入开展也推动了学院党建工作的不断创新和发展，学院党委和学生党支部积极探索党建工作的新思路和新方法，通过搭建平台、整合资源、创新形式等方式，不断拓宽党建工作的覆盖面，增强了影响力。

**启示：**为建立党员教育长效机制，山东建筑大学信息与电气工程学院党委在学生党员中持续开展“鸿雁”信电先锋党员示范活动，注重学生党员的个性化特点，探索开展“菜单式”点选模式，鼓励学生党员自主“点单”选项目，相关教师按需“配菜”提供指导，推动党员教育提质增效，充分发挥了学生党员的先锋模范作用，有效增强了学生党员的使命感、责任感和基层党组织的凝聚力、影响力，使学生党员成为广大学生的表率和先锋，以实际行动践行党的宗旨，带动学生整体素质的提高。相关做法在校内外得到推广应用，社会反响好。

## 案例二：党建赋能“科创红”　培养高素质、强实践的应用型人才

山东建筑大学信息与电气工程学院本科生第五党支部以习近平新时代中国特色社会主义思想为指导，站在培养大国工匠的高度，统筹谋划支部建设与人才培养、技能训练、文化传承、创新创业等，同部署、同落实，助力培养高素质、强实践的应用型人才。

### （一）目标思路

信息与电气工程学院本科生第五党支部着力构建“科创红”党建品牌。以“科”为核心，强化思想引领，突显“红色基因”，做到党建工作深入融入科技创新工作；以“创”为载体，打造“科创先锋”品牌，引导学生党员在“比学赶超”中成长成才；以“红”为底色，点燃“红色引擎”，党建引领激发源动力，科技创新筑梦新征程。

（二）具体做法

1.以“科”为核心，强化思想引领，心怀担当抓学习

（1）紧扣时代及时学。习近平总书记指出：“时代总是把历史责任赋予青年。新时代的中国青年，生逢其时、重任在肩，施展才干的舞台无比广阔，实现梦想的前景无比光明。”[①]本科生第五党支部结合当下时代主题，从党的百年奋斗伟大成就和历史经验中汲取丰厚滋养。开展学生党员学习分享活动，进行关于冬奥会、神舟十六号等热点时事的主题讨论，将学生党员放于支部活动的主体位置，充分发挥学生党员作用，提升党支部成员主动学习的积极性。

（2）紧跟模范用心学。利用周四政治理论学习时间组织党员集中收看建党100周年特别节目《榜样7》，集中学习中共中央办公厅、国务院办公厅印发的《关于进一步弘扬科学家精神加强作风和学风建设的意见》并撰写观后感，通过典型事迹再现、现场访谈、重温入党誓词等形式，勉励学生党员将榜样的精神作为指路明灯。

（3）紧贴使命系统学。党支部通过“读、抄、讲、赛”的形式对党的重要理论、会议精神进行多形式、深层次学习。开展支部书记讲党课、支部成员谈心得、观看红色革命电影等活动，丰富理论学习形式，增强互动，引导支部成员进行深层次的思考。

2.以“创”为载体，打造“科创先锋”品牌，牢记使命强实力

（1）创建学业先锋队，学生党员进宿舍，推进学风建设常态化。为了进一步加强学风建设，本科生第五党支部组建学业先锋队，坚持每周至少一次线下走访对接宿舍，深入了解同学们的学习和生活情况。同时，每月固定两次在竹一宿舍楼党员活动室开展集中学业辅导和专业竞赛指导，旨在将同学们在学习中的“盲点”转化为“亮点”，将“短板”转化为“优势”。注重素质提升和精神引领，通过专业辅导和竞赛指导，帮助同学们提高学术能力和综合素质，培养他们的团队协作精神和实践能力。由此，不仅能够为学风建设提供实质性的帮助，更能够为同学们的成长和发展注入强大动力，实现学风建设的点睛铸魂。

（2）创建科技创新先锋队，学生党员进实验室，推动创新创业长效化。本科生第五党支部积极响应国家“大众创业、万众创新”的号召，高度重视学生创新

① 习近平：《在庆祝中国共产主义青年团成立100周年大会上的讲话》，人民出版社2022年版，第7页。

创业发展。发挥支部引领作用,开展“榜样的力量”系列活动,邀请在学科竞赛、创新创业竞赛中表现优异的学生党员进行经验分享,实行“帮扶带”,高年级党员带低年级党员,低年级党员带入党积极分子,支部内形成良好的竞赛氛围。

3.以“红”为底色,点燃“红色引擎”,不忘初心重服务

(1)服务校园,做师生的“知心人”。支部致力于解决同学们的日常生活问题,举办支部座谈会,收集、反馈学生的科研、就业等学习生活问题,通过高年级学生以及教研室老师进行问题解答。积极开展学习雷锋活动,支部党员帮助打扫宿舍公共区域卫生,为同学们创造干净整洁的宿舍环境。

(2)服务社会,做师生的“热心人”。本科生第五党支部党员代表走进山东师范大学第二附属中学小学部进行志愿服务活动,帮助孩子们茁壮健康成长。

### (三)取得的成效

1.切实增强党性观念,有力构建常态化党员教育机制

以党员为参与主体,长期开展专题讲座、培训会、座谈会等,加强对党的宗旨意识、群众路线和为民服务的教育宣传,提高学生党员的思想意识和政治觉悟。

2.切实增强宗旨意识,有力推动“我为群众办实事”走实走深

围绕“以学生为本”,坚持需求导向,立足党员作用发挥,解决学生实际困难,在疫情防控志愿服务中,支部党员积极参与,平均志愿服务时长达 100 个小时;通过开展“朋辈帮扶,携手同行”示范活动,学生党员主动帮扶一个班级、一个宿舍或一名学业困难学生提高学习成绩,帮助学业困难学生迎头赶上。通过开展常态化党员教育活动,切实增强了党员的党性观念,用行动践行了“全心全意为人民服务”的宗旨。

3.切实发挥品牌效应,有力凸显科教育人的引领作用

“科创红”党建品牌以党员为参与主体,在相当长的时间里,学生党员积极投身学科相关竞赛,坚持以赛促教、以赛促学、以赛促创,大力培养学生个人的创新精神、探索意识和实践能力。学生党员主动认领项目,在近一年的时间里努力提升科研水平、学业水平以及工作能力。在支部党员的带动下,专业同学竞赛参与率超过 80%。在这一年里,支部学生党员积极参加全国大学生电子设计竞赛、全国大学生智能汽车竞赛、“蓝桥杯”大赛、CAMCM 数学建模等学术科技竞赛,共有 10 名支部党员荣获省级及以上奖项 22 项。

本科生第五党支部走进山东师范大学第二附属中学小学部开展志愿服务

**启示：**山东建筑大学信息与电气工程学院本科生第五党支部聚焦助力培养高素质、强实践的应用型人才，将党员教育与人才培养紧密结合，以思想引领为统领，增强学生党员的使命担当，激发成才报国志；以科技创新先锋为载体，组建学业先锋队、科技创新先锋队，带动增强广大学生的专业水平、创新精神和创新实践能力；以暖心服务为底色，引导学生党员不忘初心，努力为群众办实事、解难题。党支部注重思想育人、"科创"育人、服务育人的深度融合，使党员教育更加入脑入心，最大程度发挥党员的先锋模范作用，激发广大青年学生的爱国情怀和成才热情，对树立党员先锋形象、解决学生实际困难、带动广大青年成长成才起到了重要作用。

## 案例三：党徽闪耀"四驱"助教促学　为校院高质量发展夯实根基

构建并推广具有鲜明特色的党建品牌，充分发挥其示范引领作用，是激发党建工作新活力、凸显基层党组织战斗堡垒功能的关键举措。山东建筑大学信息与电气工程学院电工学教研室与电工电子实验中心党支部精心培育"党徽闪耀'四驱'助教促学"党建品牌，立足立德树人根本任务，提升党支部的凝聚力、组织力和影响力，党员全员参与，发挥党员先锋作用，促进党建工作与业务工作深度融合，服务内涵发展，为学校、学院高质量发展提供坚强的组织保障。

### （一）目标与思路

山东建筑大学信息与电气工程学院电工学教研室与电工电子实验中心党支

部依托电工学教研室与电工电子实验中心、电工电子省级教学示范中心、大学生创新中心、大学生创业中心四个载体，助力教师、教学，促进学生成长、学业提升。

通过四个“驱动”，推进提升“两助教、两促学”：驱动管理服务意识，助力教师工作；驱动维护保障能力，助力教学提质；驱动学生竞赛机制，促进学生“双创”；驱动能力素养培育，促进学业提升。

第一步，宣传发动。党支部对创建党建品牌工作进行深入宣传发动，使全体党员明确活动的目的和意义，了解党建品牌的内涵和特征，发动党员积极参与本支部党建品牌创建。

第二步，组织实施。日常工作注重管控；阶段性赛事及其他工作，按时段组织落实；专项工作专项处理。

第三步，改进完善。在品牌建设中，及时发现问题，不断整改提高。

### （二）具体做法

1.电工学教研室与电工电子实验中心密切协作，推动科研、教学、教研方面不断取得新进步、新成果

电工学教研室与电工电子实验中心密切协作，充分发挥党员先锋作用，党员全员参与品牌建设，团结带动非党员同志积极参与，知行合一，推动实验室管理服务水平不断提升，持续增强实验室的维护维保能力，强化服务师生意识、安全质量意识，实现教学实训提质增效，促进教学和实验室管理内涵式发展。支部明确品牌建设的年度重点任务和建设规划，实现抓长远、抓细节与抓经常的统一。

2.以大学生竞赛为抓手，组织好竞赛赛事和培训，提升学生创新创业能力

“四驱”助教促学活动的重要一驱就是驱动学生竞赛机制，提升学生创新创业能力。以大学生竞赛为抓手既充分考虑学院重点工作和学生成长成才需求，又便于自我评价和量化考核。以电工电子实验中心组织学生竞赛的经验为基础，主推“蓝桥杯”大赛、全国大学生智能汽车竞赛、全国大学生电子设计竞赛，做好学生宣讲，动员学院各专业学生发挥专业特长，全面参与到学科竞赛中，向参与竞赛的同学开展长期培训和指导。

3.在实验实训中不断强化学生安全意识、工程素养、科学精神

电工学教研室与电工电子实验中心承担着本学院及其他学院理工科大一、大二所有专业基础课的实验和电工实习实训，是培养和强化学生安全意识、工程素养、科学精神的重要主体。支部全体党员参与党建品牌创建，发挥党员先

锋作用,带动非党员教职员工利用实验课、实习课机会不断强化学生严谨、科学、安全的实验精神和意识。

(三)取得的成效

1.有力提升了党支部的凝聚力、组织力和影响力

党支部在近一年的时间里组织全体党员参与支部“四驱”品牌创建,广大党员集思广益、积极参与,立足岗位做贡献,有力推动学院学科竞赛和实验、实习、教学、服务和保障工作,切实增强了党员的党性观念,提升了党支部的凝聚力、组织力和影响力。

2.有力提升了学生的创新创业能力

党建品牌以学生为本,坚持需求导向,立足发挥党员作用,解决学生实际需求。在组织2023年“蓝桥杯”大赛的过程中,支部结合竞赛类别组织了五场培训,信息与电气工程学院学生最终获奖16组。精心组织2023年全国大学生电子设计竞赛、全国大学生智能汽车竞赛,通过广泛宣传动员组织,参与竞赛团队数量创历史新高。电工学教研室与电工电子实验中心党支部用行动践行了“全心全意为人民服务”的宗旨。

3.有力提升了教师教学质量和实验室的管理水平

品牌建设以来,四个“驱动”推进了科研、教学、教研、学生学业等方面不断取得新进步。随着支部品牌创建的深入开展,实验室的管理水平和服务意识上了一个新台阶,教师的科研、教学、教研的硬件与软件环境持续提升,教师们投身教育教学改革创新,育人质量显著提升。

4.有力提升了学生的安全意识、工程素养、科学精神

党员教师带头带动全体实验教师,严格按照实验实训要求上好每一堂实验课。在实验或实习实训开始前,教师对学生进行安全宣讲,明确实验任务、步骤及注意事项;在实验过程中,强调实验的严谨性,强化学生的科学精神;在实验结束后,整理好实验台,提交的实验报告要严谨全面,有效强化学生的安全意识、工程素养、科学精神。

电工学教研室与电工电子实验中心党支部始终坚持党建引领,将品牌化理念融入党建工作,精心进行“四驱”党建品牌设计和运行,构建起常态化党员教育体系和科学的育人模式,以实际行动为党徽增辉,以高质量党建品牌建设为学生成长成才提供助力,为学院高质量发展提供坚强的组织保证。

**启示**:面对学校及学院转型发展的新形势、新任务,电工学教研室与电工电子实验中心党支部致力于深入探索党建工作的创新思路与方法。支部富有党建品牌意识,积极将典型经验和成功实践转化为独具特色的党建品牌,以此推动党建工作与促进师生发展的深度融合,为学校、学院的持续健康发展提供坚实的组织保障。党支部挖掘自身人才智力优势和资源优势,立足师生发展需求,通过四个"驱动",推进提升"两助教、两促学",有力实现党建工作与业务工作的深度融合。从健全组织制度建设出发,支部强化党员的教育管理工作,通过深化党员的教育培训,激发党员的奉献精神,锤炼其意志品质,确保每名党员都能成为先锋模范,有效发挥党支部的战斗堡垒作用。坚持从顶层设计出发,确保党建工作落实到位,将党建工作由原先的软性指标转变为刚性任务。党建品牌的树立,成为支部工作的标杆、指引和动力源泉。打造具有特色的党建品牌活动,不仅能有力推动基层党建工作的创新发展,还能使其成为活跃基层党建工作的有效载体。在品牌建设过程中,支部注重挖掘潜力、突出特色、建设亮点,因地制宜地打造高标准、高规格的党建新模式,以此提升基层党组织的战斗堡垒作用,为党的各项事业提供坚实支撑。

## 案例四:聚焦党员作用发挥　创建鸿雁"三原色"党员志愿服务品牌

山东建筑大学信息与电气工程学院本科生第二党支部聚焦发挥党员先锋模范作用,依托志愿服务载体,培育创建鸿雁"三原色"党员志愿服务品牌,以学生党员为带动,凝聚学生党员、入党积极分子、青年学生三方力量,用红色铺底,打造以"三原色之红"为主题的思想引领系列活动;用绿色筑线,打造以"三原色之绿"为主题的环境保护系列活动;用蓝色立行,打造以"三原色之蓝"为主题的劳动教育类志愿服务系列活动,让学生党员、青年学子在志愿服务中长才干、做贡献。

### (一)目标与思路

鸿雁"三原色"党员志愿服务主要是通过探索构建"1234"工作模式,即党支部和党员"一心"将"全心全意为人民服务"的宗旨贯穿始终,围绕"服务美+环境美"的支部品牌创建"二美"目标,充分发挥好学生党员、入党积极分子、青年学生"三支队伍"的作用,学生党员带动入党积极分子、广大青年学子在社会实践中长才干、做贡献,提升党员教育的凝聚力、生命力、吸引力、感召力"四力"。

（二）具体做法

1.用红色铺底，打造以“三原色之红”为主题的政策理论宣讲、初心讲堂等思想引领系列活动

牢牢把握“学思想、强党性、重实践、建新功”的总要求，每月定期组织开展政策理论宣讲活动，调动学生党员学习热情，让学生党员成为“学”的主角、“讲”的主力，以青年之声搭建党的政策理论入脑入心的重要渠道；以学生先自学后分享的形式打造初心讲堂活动，结合习近平总书记的重要著作，着眼于新时代新征程上党的使命任务，分别从基本情况、核心要义、学习贯彻三方面深刻解读并分享习近平新时代中国特色社会主义思想的学习体会；结合学校廉洁教育活动，组织学生党员进行观展感悟，持续促进真正学习、深入理解、坚定信仰，确保学生党员筑牢信仰的基石，补足精神之钙，坚定把握思想之舵。

2.用绿色筑线，打造以“三原色之绿”为主题的植树种树、拔草护绿等环境保护系列活动

“生态兴，则文明兴”是亘古不变的真理，绿色环境是我们最大的财富。党支部引导学生党员践行“行胜于言”的优良品质，从身边小事做起，共建美丽校园环境。学生党员们通过清理校园垃圾与植绿护绿的形式，为维护蓝天和美丽校园贡献出一份力量；通过呼吁同学保护环境，向同学们发放“爱护花草人人有责”倡议书，倡导同学们树立绿色文明观念，赏花更惜花，共同维护好美好的生态家园的宣传方式，自觉深入宣传贯彻习近平生态文明思想，引导周围学生从我做起，自觉参与生态环保工作。

3.用蓝色立行，打造以“三原色之蓝”为主题的维护“鸿雁”党建书吧环境、文明摆放校园电动车等劳动教育类志愿服务系列活动

人生在勤，勤则不匮。幸福不会从天而降，美好生活靠劳动创造。通过组织学生党员开展劳动主题系列志愿服务活动，引导学生接受劳动教育，树立正确的劳动观，养成良好的劳动习惯，实现德智体美劳全面发展。学生党员们开展摆放校园电动车、维护党建书吧环境等志愿服务，并在毕业生离校期间帮助毕业生搬运行李，以生动实践弘扬志愿服务精神。

(三)取得的成效

1.铸就红色信仰之基,提升学生党员的理论素养

通过举办政策理论宣讲与初心讲堂系列活动,学生党员通过自学展开交流分享,将“天下事”讲成“身边事”,用“小切口”反映“大主题”,用“小故事”阐释“大道理”,大家汇聚一堂,在“身临其境”“感同身受”中产生共情,掀起学习习近平新时代中国特色社会主义思想的热潮。

2.守住生态文明之绿,激发学生党员环境保护意识

支部党员通过拔草护绿、健康出行等绿色志愿者行动,理解“绿水青山就是金山银山”的内涵。同时,学生党员们在活动中观察植物的成长变化,更能从中领悟到勤奋耕耘和恒心不懈的道理,同时也推进了校园环境的美化和绿化。

3.践行多元劳动之蓝,引导学生党员养成良好的劳动习惯

学生党员们用自己的劳动为维护校园环境做出贡献,通过一系列劳动志愿服务活动,将劳动教育的元素渗透到学生党员教育培养中,有助于教育引导学生党员树立正确的劳动价值观,崇尚劳动、热爱劳动。

本科生第二党支部在“智慧苑”开展绿化养护活动

**启示:**在奉献、友爱、互助、进步的志愿精神的感召下,无论是在关键时刻还是日常生活中,都能看到志愿者忙碌的身影。山东建筑大学信息与电气工程学院本科生第二党支部根据大学生的特点,结合专业特点和社会需要,以学生党

员为带动，凝聚学生党员、入党积极分子、青年学生三方力量，培育鸿雁“三原色”党员志愿服务品牌。支部品牌注重顶层设计，用红色铺底，打造以“三原色之红”为主题的思想引领系列活动；用绿色筑线，打造以“三原色之绿”为主题的环境保护系列活动；用蓝色立行，打造以“三原色之蓝”为主题的劳动教育类志愿服务系列活动，推进志愿服务制度化常态化，用心用情用力做好志愿服务工作。在品牌创建过程中，提高党员的党性修养，培养广大党员和青年学生的志愿服务意识。鸿雁“三原色”党员志愿服务品牌以思想政治建设为中心，以党建为引领，以服务为特色，引导教育学生服务社会、服务人民，在志愿服务中实现人生价值。

## 案例五：助推一流专业建设　培育“温故竞新、育电气英才”党建品牌

以党风促学风，以党建促专业发展，创建党建品牌，是高校基层党组织发挥战斗堡垒作用的重要标尺。山东建筑大学信息与电气工程学院电气工程及其自动化教研室党支部自2021年以来，立足“工程教育认证”“国家级一流本科专业建设”等重点工作，培育创建“温故竞新、育电气英才”支部党建品牌，充分发挥支部教师党员作用，以一对一帮扶学业困难学生、开展学科竞赛辅导、举办学术成果海报展示等，推动电气工程及其自动化专业学生的学业、创新能力、就业能力提升，切实增强基层党组织的凝聚力、号召力、战斗力和组织力，推进电气工程及其自动化专业高质量发展。

### （一）目标与思路

电气工程及其自动化教研室党支部通过加强党建工作，教师党员带动教研室全体教职工参与专业建设、学生培养的积极性，形成了党建育人的强大合力。牢固树立党的一切工作到支部的鲜明导向，围绕提升党支部的整体效能，进一步强化党员的责任意识和担当精神，从夯实基础、增强活力、突出亮点、求真务实四个方面入手，全面推进基层党支部的标准化、规范化建设。这一举措为党的工作奠定坚实的组织基础，确保党支部能够更好地履行职责，发挥战斗堡垒作用。培育创建“温故竞新、育电气英才”支部党建品牌，聚焦专业建设和学生培养，推动电气工程及其自动化专业学生的学业、创新能力、就业能力提升，推动专业工程教育认证、国家级一流本科专业建设等重点工作。

### （二）具体做法

1.一对一帮扶学业困难学生

组织党员形成学业帮扶小组，根据学生的家庭状况、思想动态和学习情况，细心分析，建立学业困难学生（主要为补考、重修、就业困难学生）结对帮扶档案，确定结对帮扶对象，配合班主任定期为学业困难学生举办辅导及答疑专场，主要针对课程中的重点和难点、就业中遇到的各种问题开展辅导与咨询，增强学生的求学积极性、就业主动性。

2.开展专业范围内学科竞赛辅导

结合专业发展和学科竞赛动向，对有意愿参加学科竞赛的学生进行重点培养和辅导，强化学生在专业范围内学科竞赛的基础能力，如编程、文案等能力，助力学生在竞赛中取得更高的成绩。党员教师作为主讲人为学生竞赛进行指导和讲解。

3.举办“电气杯”学术成果海报展示比赛

开展“电气杯”学术成果海报展示比赛活动，展现师生在科研、教研、教学、竞赛等方面的成果。该项活动旨在让广大学生都有机会参与到学术活动中，同时建立学术交流平台，师生共同努力，形成良性学术循环，激发学生参与创新实践的积极性和主动性。

### （三）取得的成效

1.一对一帮扶助力学生毕业就业

支部党员在对本专业毕业生就业情况做了详尽梳理后，汇总了精准帮扶毕业就业困难群体情况登记表，并由教师党员牵头组建一对一帮扶小组。一方面，针对学业困难学生实施课程定点突破，经过努力，多名学生顺利通过了多门课程考核；另一方面，部分就业困难学生在教师的指导和帮助下找到了心仪的就业岗位。

2.学科竞赛辅导成效卓著

支部品牌建设工作开展以前，学生在竞赛参与方面一直处于较为被动的状态。党建品牌创建以来，随着教师在竞赛指导方面的投入不断增加，学生参与竞赛的积极性有了较大提高，本专业学生竞赛的参与率和获奖数量有了很大提高。

3.专业建设实现持续快速发展

在教师党员的带动下，全体教研室老师踊跃参与专业建设，专业建设得到持续快速发展。在师生的共同努力下，2023年电气工程及其自动化专业顺利通过工程教育认证，获批了国家级一流本科专业建设点。

**启示：**山东建筑大学信息与电气工程学院电气工程及其自动化教研室党支部以党风促学风、以党建促专业发展，创建"温故竞新、育电气英才"党建品牌。支部党建品牌创建找准了党建工作和业务工作的结合点，聚焦专业建设和学生培养，立足学生实际困难和成才需求，充分发挥党员教师的先锋模范作用，带动教研室全体教师踊跃参与专业建设和学生培养，积极开展教师党员结对帮扶学业困难学生工作，助力学生毕业和就业；积极开展专业范围内学科竞赛辅导，助力专业学生在科技竞赛中取得更好成绩；举办"电气杯"学术成果海报展示比赛，提高学生参与竞赛的积极性。"温故竞新、育电气英才"党建品牌培育创建过程，是党支部找准党建工作与业务工作契合点、实现党建工作与业务工作深度融合的过程，是增强党支部组织力、凝聚力和影响力的过程，是落实"我为群众办实事"的生动实践，有力实现了党建工作与业务工作的"双融双促"。支部党建品牌创建以来，党支部的战斗堡垒作用显著增强，电气工程及其自动化专业建设快速发展，顺利通过工程教育认证，并成功获批了国家级一流本科专业建设点。该支部品牌创建为其他党组织做好党建工作与业务工作融合发展提供了实践参考。

## 案例六：星光不负赶路人　以高质量党建服务师生

山东建筑大学信息与电气工程学院电气专业基础教研室党支部精心培育"星光课堂"党建品牌，利用业余时间，面向本科生开展"星光课堂"课后教学服务，采取线上线下相结合的方式对学生进行课后辅导，提高学生对知识的掌握程度，提升教学质量，在服务学生成才的同时，推进党建工作品牌化进程，有力提升党支部的凝聚力、组织力和影响力。

（一）目标与思路

电气专业基础教研室党支部精心培育"星光课堂"党建品牌。结合党支部所辖教研室承担电工学等学校公共课程、部分学生反映课程难度偏大的实际情况，充分发挥党支部的组织功能，立足教书育人主责主业，举办“星光课堂”课后教学服务，开展多种形式的学业辅导。一是加深广大学生对知识的理解，提高综合运用所学基本理论分析和解决实际工程问题的能力；二是满足学业困难学生的需求，促进其对基础知识的掌握，提高考试通过率；三是增强支部党员的党性意识，以实际行动落实全心全意为人民服务的根本宗旨，履行教师的教书育人职责。

### （二）具体做法

1.凝心聚力，教师党员利用课余时间开展课后辅导

党支部充分发挥组织功能，通过召开支部品牌创建会、课后教学服务专题会，让教师党员积极主动参与“星光课堂”课后教学服务。采取线上线下相结合的方式，每学期对200余名学生进行课后辅导，加深学生对知识的掌握。在模拟电子技术这门课程的课后教学服务活动中，支部书记石国萍担任主讲教师，在课前精心准备教学课件，根据同学们的学习情况，着重带领复习了相关知识点，并将全部知识点进行串联，为同学们整理了知识框架，让同学们更清晰地理解课本知识。同时，老师对同学们平常容易出错和感觉较难的题型进行讲解。高效的教学方式有助于同学们更快更好地消化学习内容，提高学习效率，推进课后教学服务活动的开展。

2.科学规范，确保课后教学服务规范有序，满足学生需求

为保证“星光课堂”课后教学服务达到预期效果，电气专业基础教研室党支部联合本科生党支部，事前充分了解学生尤其是学业困难学生的需求，按照学生申请、支部统筹的原则，学生向支部提出申请课后教学服务，党支部整合教育资源，规范开展课后教学服务，根据学校教育教学的需要，以“培养身心健康的人，培养敢于担当有责任感的人，培养博学多才的人”为目标充分安排好课后时间学生可以参与的内容，在课后时间安排课堂面授、辅导答疑、线上交流等环节，确保课后服务规范有序进行，满足学生需求。

### （三）取得的成效

1.坚持党建引领，有力提升教育教学质量

“星光课堂”党建品牌以党员为参与主体，通过开展“星光课堂”课后教学服务，事前了解学生需求，更加明晰了学生对课堂讲授知识点的掌握情况，强化了

专业教师承担好教育教学主责主业的责任感，促进了授课教师教学方式方法的改革与提高，有力提升了教育教学质量。

2.切实增强宗旨意识，有力推动“我为群众办实事”走深走实

“星光课堂”党建品牌围绕“以学生为本”，坚持需求导向，立足发挥党员作用，满足学生成才需求，带领学生提高学习成绩，帮助学业困难学生迎头赶上，进一步提高学生对知识的掌握程度，提高讲授课程通过率，用行动践行“全心全意为人民服务”宗旨。

3.加强党组织自身建设，有力增强支部的组织力和凝聚力

培育“星光课堂”支部品牌以来，党支部坚持党建引领，动员全体教师党员参与品牌创建，集思广益、精心组织、共同参与，在这一过程中，党支部找准了党建工作与业务工作深度融合的结合点，有力带动了师生整体素质的提高，党支部的组织力和凝聚力明显增强，实现了党建工作与业务工作的“双融双促”。

**启示：**为强化党建引领，积极响应“一支部一品牌”党建品牌创建活动，山东建筑大学信息与电气工程学院电气专业基础教研室党支部创建了特色鲜明的党建品牌——“星光课堂”课后教学服务，着力打造服务型党支部。党支部以党建引领提质增效促发展，围绕立德树人根本任务，坚持“为了一切学生，为了学生的一切”的理念，在抓好抓实课堂主阵地建设外，积极拓展课后服务，着力打造线上线下相结合的辅导答疑形式，根据学生的年级特点和教师特长，按照学生需求，开展分年级、个性化答疑服务，因材施教，帮助学业困难学生转变观念，解决学习困难，同时做好心理健康工作，树立学习信心，满足不同学生的学习需求，提升学业水平，做到学生开心、家长放心、党员用心，打通教育惠民“最后一米”。

# 第五章　高校党建赋能教师高质量发展品牌创建

高校党建赋能教师高质量发展是坚持党建引领、实现党建工作与业务工作深度融合的重要举措。高校基层党组织要精心培育赋能教师高质量发展的党建品牌，立足工作实际和教师发展需求，发挥组织优势，研究找准党建赋能教师高质量发展的着力点，明确品牌创建的目标任务、主要内容和重点路径，切实达到以高质量党建赋能教师高质量发展的效果。

## 第一节　高校党建赋能教师高质量发展品牌创建的价值体现

高校党建工作赋能教师高质量发展是以实际行动贯彻落实党中央关于高校工作决策部署的重要举措，已成为坚持党对教育事业全面领导的具体体现、加强教师队伍建设的重要保障、实现党建与业务融合发展的有效途径。

### 一、高校党建赋能教师高质量发展是坚持党对教育事业全面领导的具体体现

坚持党对教育事业的全面领导，是高校落实立德树人根本任务的重要保证，是办好中国特色社会主义教育的根本保证，是引领新时代中国特色社会主义教育事业不断前进的最大政治优势。思想政治工作是我们党的优良传统和强大政治优势。高校教师担负教书育人职责，承担着做好思想政治教育工作的重要任务。高校夯实党建工作基础，充分发挥基层党组织的战斗堡垒作用和师

生党员的先锋模范作用，以党建赋能教师高质量发展，可以直接推动师德师风建设，推进思政课程和课程思政建设持续深入，对于加强思想政治工作、落实立德树人根本任务将起到重要的促进作用，是落实党对教育事业全面领导的具体体现。

## 二、高校党建赋能教师高质量发展是加强教师队伍建设的重要保障

教师是立教之本、兴教之源，是教育发展的第一资源。高校教师的政治素养、道德情操、学术素养和教学能力是人才培养的关键因素。党和国家历来高度重视教师工作。2018 年，中共中央、国务院发布的《关于全面深化新时代教师队伍建设改革的意见》是党和国家出台的关于教师队伍建设的专门文件，将教育和教师工作提到了前所未有的政治高度。高校加强教师队伍建设，要把有理想信念、有道德情操、有扎实学识、有仁爱之心的"四有"好老师标准作为根本遵循，履行好为党育人、为国育才的使命。高质量党建是引领教师队伍发展的风向标，以党建引领教师队伍建设，赋能教师高质量发展，带动教师综合能力提升，健全"四有"好老师培养机制，是培养造就高素质专业化教师队伍的重要保障。

## 三、高校党建赋能教师高质量发展是实现党建与业务融合发展的有效途径

《中国共产党普通高等学校基层组织工作条例》强调坚持高校党的建设与人才培养、科学研究、社会服务、文化传承创新、国际交流合作等深度融合，为高校改革发展稳定、完成党和国家重大战略任务提供思想保证、政治保证、组织保证。《中国共产党普通高等学校基层组织工作条例》为健全完善高校党建工作机制、推动党建工作与高等教育事业融合发展、以高质量党建引领高校各项事业高质量发展指明了方向和路径遵循。高校党组织深入贯彻落实《中国共产党普通高等学校基层组织工作条例》，坚持党建引领，聚焦教师这个教育发展的第一资源，发挥基层党组织政治功能和组织功能赋能教师高质量发展，有效推动党建与业务深度融合发展。

# 第二节 高校党建赋能教师高质量发展品牌创建的主要内容

高校各级党组织要实现以高质量党建赋能教师高质量发展的效果，必须首先找准党建赋能教师高质量发展的主要内容。高校要落实好立德树人这一根本任务，就需要各级党组织将赋能教师高质量发展作为一项重要工作，将提升教师政治素养、思想素质和业务能力作为赋能教师高质量发展的主要内容。

## 一、高质量党建赋能提升教师政治素养

正确的理想信念是教书育人、播种未来的指路明灯。新时代高校教师必须具备过硬的政治素养，忠诚于党和人民的教育事业，为党育人、为国育才，自觉把党的教育方针贯彻到教育教学管理工作全过程。加强思政课程建设和课程思政建设是落实立德树人根本任务，加强大学生思想政治教育的重要途径。高校教师是承担思政课程、课程思政建设的主力军。坚持党对教育事业全面领导，充分发挥各级党组织在教师思想政治工作中的领导作用，有效提升高校教师政治素养，是全面贯彻党的教育方针的关键落脚点。

高校各级党组织必须坚持党建引领，以高质量党建赋能提升教师政治素养，夯实政治建设根基，加强教师思想政治工作，以习近平新时代中国特色社会主义思想凝心铸魂，提升教师政治站位，引领教师政治方向，以做强思政课程和课程思政为实践载体，全面贯彻党的教育方针，落实立德树人根本任务，确保高校为巩固、发展中国特色社会主义制度和社会主义现代化建设服务。

## 二、高质量党建赋能提升教师思想素质

教师是立德树人根本任务的实施者。教师必须率先垂范、以身作则，正确看待是非、曲直、善恶、义利、得失，爱岗敬业，树立热爱学生、尊重学生、理解学生、宽容学生的品质，以教书育人为使命，以自己的模范行为影响和带动学生，呵护和引导每一名学生树立自信、健康成长。广大教师要自觉做中国特色社会主义的坚定信仰者和忠诚实践者，始终同党和人民想在一起、干在一起，严守师德第一标准，把铸魂育人作为必备功课，不负党和人民寄予的期望，不辱时代赋予的使命。

高校各级党组织必须坚持党建引领，以高质量党建赋能提升教师思想素质，加强思想建设，以师德师风建设为实践载体，不断提升教师的道德修养和品格品行，增强教师以德育德的自觉性和内驱力，以模范行为影响和带动学生，成为学生人生道路上的指路明灯。

### 三、高质量党建赋能提升教师业务能力

教学和科研能力是高校教师的基本业务能力，直接关系学生培养质量，是加快建设科技强国、实现高水平科技自立自强的重要因素。作为一名高校教师，要坚持为党育人、为国育才，在教书育人中践行使命任务，努力成为先进思想文化的传播者和学生健康成长的引路人；要指导学生学好专业知识、投身科技实践，提升学生的创新精神和创新能力，为实现高水平科技自立自强培养输送人才；要将个人科研工作同国家发展紧密相连，努力服务国家、全省重大发展战略，为实现中华民族伟大复兴和高水平科技自立自强作出无愧于时代的贡献。

高校各级党组织要坚持“围绕中心抓党建，抓好党建促发展”，充分发挥组织功能，推动党建与教学科研等业务工作深度融合，以高质量党建赋能提升教师教学、科研、育人和社会服务能力。

## 第三节　高校党建赋能教师高质量发展品牌创建的探索实践

高校党建赋能教师高质量发展品牌创建围绕提升教师政治素养、思想素质、业务能力三项主要内容，通过加强政治学习、强化师德师风建设、深化课程思政、融合重点工作、加强教师党支部规范化建设五项重点路径，实现党建赋能教师高质量发展的目标任务。

### 一、加强政治学习，提升教师政治素质

#### （一）高质量党建赋能提升教师政治素质的策略

高校党建工作要用品牌化理念丰富创新学习实践载体，用习近平新时代中

国特色社会主义思想武装头脑，注重抓好党委理论学习中心组学习、教职工政治理论学习和党支部学习等，采取集中领学、专家辅导、专题党课、现场教育、学习研讨和个人自学等形式，切实提高教师的政治素质，树牢“四个意识”，坚定“四个自信”，为教书育人筑牢政治和理论根基；引领广大教师学习法律法规和学校各项规章制度，增强纪律意识和规矩意识，切实提高维护意识形态安全的思想自觉和行动自觉，使铁的纪律成为教师的自觉遵循。

### （二）高质量党建赋能提升教师政治素质的做法和成效

山东建筑大学信息与电气工程学院加强政治建设，把全面贯彻党的教育方针贯穿各项工作。学院用品牌化理念丰富创新学习实践载体。精心组织学院党委理论学习中心组学习、教职工政治理论学习、党支部学习等，抓好集中领学、专家辅导、专题党课、个人自学、现场教育等各环节学习，以深入学习习近平新时代中国特色社会主义思想为重点，聚焦学校、学院改革发展任务和重点难点问题开展专题学习和研讨。以专家辅导深化学习，邀请第十四届全国人大代表、山东大学儒学高等研究院特聘教授杨朝明解读文化自信与文化强国；邀请专家讲授党的二十大精神专题党课，勉励大家坚定理想、勇担使命，将个人价值的实现融入党和国家的事业当中；邀请专家为全体教职工讲授意识形态安全专题，切实提高维护意识形态安全的思想自觉和行动自觉。学院班子成员、党支部书记认真上好专题党课，教工党支部书记录制的《加快建设科技强国，实现高水平科技自立自强》党课，获评学校 2023 年精品党课，并在学习强国山东学习平台发布，学院组织全体教职工集中进行了观看。注重综合运用校外红色基地、校内育人阵地。组织党员干部和教职工开展丰富多彩的教育实践活动，先后赴山东原山艰苦创业教育基地、淄博焦裕禄纪念馆、中共山东早期历史纪念馆等校外红色基地开展现场教育，在学校薪火书房、红色影视教育基地、“鸿雁”党建书吧等校内育人阵地开展党日活动，传承红色基因。组织集中观看学校“青莲”廉洁书画作品展、红色邮品展等，引导广大教职工将积极向上、崇德向善、清廉自守作为精神追求。构建廉洁文化教育矩阵，培育富有学院特色的廉洁文化“信”品牌，在师生中厚植廉洁文化。每位信电人都持有一枚“清风筑梦　信达天下”个人名章，激励着信电人“两袖清风筑梦前行，胸怀诚信兼济天下”。

广大教师坚定拥护“两个确立”，坚决做到“两个维护”，立足岗位做贡献，坚决执行上级决策部署，服务山东发展战略，调整学科方向，涌现出一批服务绿色

"双碳"的科研项目;辅导员李嘉麒挂职第一书记,助力社会发展;信息与电气工程学院作为学校首批搬迁烟台基地的学院之一,广大教师完成首批学生入住烟台基地的各项教学管理任务;教师具有强烈的集体荣誉感,2023年实现学校教工运动会、学生运动会总分"双第一"。经验做法以《山东建筑大学信息与电气工程学院:丰富创新学习实践载体　推动主题教育走深走实》为题被学习强国报道。

## 二、强化师德师风建设,提升教师思想素质

### (一)高质量党建赋能提升教师思想素质的策略

高校要加强教师的思想道德建设,弘扬优秀师德师风,常态化开展师德师风教育,引导教师坚持教书育人与自我修养相结合;积极培树师德典型,全面打造教师荣誉体系,开展师德标兵、最美教师、教学名师等评选活动,对优秀育人典型、育人示范团队等进行表彰和宣传,发挥榜样示范作用,以优秀教师带动师资队伍健康发展;科学开展师德评价,落实师德师风是评价教师队伍素质的第一标准要求。充分发挥教工党支部在师德评价中的重要作用,将支部书记纳入师德评价委员会,将教师的思想政治表现、师德师风情况列入教师引进、职称评聘、评优评奖各环节;师德师风教育要以学习文件规定、先进典型事迹、警示案例、纪律教育等为重点内容,引导广大教师做到以德立身、以德立学、以德施教;每年紧扣国庆、教师节、校庆等关键时间节点,组织开展师德师风教育实践活动,举办退休教师荣休仪式,增强教育的感染力,提高教师对从事职业的归属感、荣誉感,以及对教育事业的认同感和责任感。

### (二)高质量党建赋能提升教师思想素质的做法与成效

山东建筑大学信息与电气工程学院注重加强师德师风建设,常态化开展师德师风教育,组织学习《新时代高校教师职业行为十项准则》、师德失范案例,观看警示教育片、"最美教师"颁奖典礼等;设立教工党员先锋岗,利用学院宣传栏公开展示,亮明党员身份,接受师生监督;积极培树师德典型,发挥榜样示范作用;在国庆节、教师节、校庆等重要节点,开展师德师风教育实践活动;每年为退休教师举办荣休仪式,表达对教师投身教育事业的敬重,聆听老教师讲授教书育人感悟体会;科学开展师德师风评价,发挥好党支部尤其是党支部书记的重

要评价作用，引导教师做新时代的“大先生”，主动成为“三全育人”的重要力量。

学院教师潜心育人，主动报名担任本科生班主任，积极从事学生学业指导、就业指导、科技竞赛指导，学院获评学校就业工作先进单位、学生工作先进单位。广大教工党员充分发挥党员先锋模范作用，2022 年以来耿淑娟获评山东省“十佳好军嫂”，张辉获评山东高校辅导员年度人物，李明获评山东省优秀科技工作者，另有 2 人获评学校“十佳教师”，2 人获评学校“十佳工作者”，1 人获评学校“卓越教学奖”，2 人获评学校“卓越科研奖”。

## 三、深化课程思政，提升教师思政育人能力

### （一）高质量党建赋能提升教师思政育人能力的策略

高校党建工作要将深化课程思政作为工作着力点，引领教师深刻认识肩负的教书育人、立德树人的使命，通过教育引领、专家辅导、研讨交流、成果培育等提升广大教师做好课程思政的能力，主动用好课程教学主渠道，充分发挥学科特色优势，全面推进思政课程和课程思政建设，厚植学生家国情怀，引导广大青年学生听党话、跟党走，努力做先进思想文化的传播者和学生健康成长的引路人。

### （二）高质量党建赋能提升教师思政育人能力的做法与成效

山东建筑大学信息与电气工程学院加强课程思政引领和培育，学院党委书记在教职工政治理论学习时专题讲授课程思政；邀请山东省教学名师给全体教职工做讲座辅导；在党支部书记培训会上研讨如何做好课程思政工作；教师党支部组织学习《高等学校课程思政建设指导纲要》，每名教师就开设的专业课形成课程思政方案进行研讨，购买配备课程思政书籍，抓好课程思政的成果培育。

学院在课程思政示范项目上实现了突破。2022 年以来，获评山东省课程思政示范课程 1 门、校级课程思政示范课程 4 门，获评第三届“智慧树杯”课程思政示范案例教学大赛二等奖。

## 四、融合重点工作，提升教师业务能力

### （一）高质量党建赋能提升教师业务能力的策略

高校党建工作要创新内容载体，积极搭建平台，促进教师专业发展，提高教

学、科研、育人和服务社会能力。高校基层党组织立足自身特点和师生需求，积极拓展党建工作平台，可以有针对性地创建党建品牌。高校各级党组织强化党建引领，构建党建业务融合发展体系，实现各项事业高质量发展。实施“一支部一品牌”，各教工党支部从教学成果培育、名家讲坛、学术沙龙、党建联建、学生学业辅导、竞赛指导、就业指导方面选择一类或几类工作，培育创建支部党建品牌。各级党组织通过培育赋能教师高质量发展的党建品牌，为教师提供优质的交流平台和实践平台，引领教师提升职业发展能力、教学能力、科研能力、育人能力、社会服务能力，既满足教师发展需求，服务和提升教师业务能力，又有力提高基层党组织的组织力和凝聚力。

### （二）高质量党建赋能提升教师业务能力的做法与成效

山东建筑大学信息与电气工程学院强化党建引领，通过建立“四大机制”，即聚焦引领与促进，建立党建工作与业务工作同向发力机制；聚焦专业与品牌，建立专业优势与党建品牌协同机制；聚焦“头雁”与“雁阵”，建立“双带头人”选拔培育作用发挥机制；聚焦合作与共赢，建立科学的党建联建机制，构建党建业务融合发展体系，实现学院各项事业高质量发展。实施“一支部一品牌”创建，各教工党支部围绕教师能力培养和学生成才需求，创建“温故竞新、育电气英才”“以赛促教，以赛促学”“校政行企党建合创协同育人”“‘星火’电子信息沙龙”等党建品牌，有力提升了教师教学能力、科研能力、育人能力和社会服务能力。

学院高质量党建赋能提升教师业务能力成效显著。一批教师在省级教学比赛中获奖，教学能力持续提升；教师科研和社会服务能力显著提升，科研到账经费、科研成果转化率连年超额完成学校下达指标。近年来，控制科学与工程获批山东省博士点精准培育项目，入选国家级一流本科专业建设点 1 个、省级一流本科专业建设点 2 个；电气工程及其自动化专业通过教育部工程教育认证，2 人获批泰山学者青年专家，3 人主持山东省高等学校“青创团队计划”团队。经验做法《山东建筑大学信息与电气工程学院　“四大机制”探索党建与业务融合发展》在大众日报报道，《山东建筑大学信息与电气工程学院：“四大机制”构建二级学院党建业务融合发展体系》《山东建筑大学：打好就业组合拳，努力实现更充分更高质量就业》在学习强国山东学习平台报道。

## 五、加强教师党支部规范化建设，为品牌创建提供坚强组织保证

### （一）加强教师党支部规范化建设的策略

高校教师党支部是加强教师思想政治工作、强化教师队伍建设的最基层组织，是高校落实立德树人根本任务的重要组织保障。只有持续深化党支部建设规范提升行动，才能增强党支部的政治功能和组织功能，才能及时有效地贯彻执行上级决策部署和工作举措。高校高度重视教师党支部规范化建设，出台党支部评星定级实施方案、党组织书记述职评议办法，明确考核评价的总体要求、评定内容、评定层次和程序。各二级单位党组织参照学校指标标准，结合单位实际，细化评定标准，增强评定工作的导向性和可操作性。教师党支部按照党支部规范化建设指导标准，围绕“教育党员有力、管理党员有力、监督党员有力、组织师生有力、宣传师生有力、凝聚师生有力、服务师生有力”的建设目标，在班子建设、工作运行、党员管理、组织生活、基础保障、作用发挥六大方面重点开展工作。

### （二）加强教师党支部规范化建设的做法与成效

山东建筑大学信息与电气工程学院注重加强教师党支部建设，通过党建工作与业务工作同谋划同部署同考核，实施党支部目标管理和“双带头人”培育工程，夯实基层党组织自身建设，为充分发挥教师党支部在教师队伍建设中的作用奠定坚实基础。

一是党建工作与业务工作同谋划同部署同考核。班子发挥领航作用，把党的政治优势、思想优势、组织优势转化为立德树人、铸魂育人的内在动力，以强有力的底气带动业务工作稳步推进；细化教师党支部建设标准，将党建引领业务发展情况列入评价指标，同时将教师党支部、教工党员在党建工作中的表现列入岗位聘期考核。

二是实施党支部目标管理。以党支部评星定级和党支部书记述职评议为抓手，制定《信息与电气工程学院党支部评星定级工作方案》，考核评价实行定性评价和定量评价相结合，日常工作列入量化考核。学院党委综合日常表现，研究确定党支部年度评星定级等次和党支部书记述职评议结果，在评优评奖中注重评价结果使用，有力推进党支部规范化建设。

三是实施“双带头人”培育工程。按照“思想政治过硬，精通党务工作，善于把握教育规律，高效开展科学研究，具有解决师生学习工作中问题的能力，在师生中有威信、有影响力”的标准，配强“双带头人”教工党支部书记；加强“双带头人”专项培养，通过为“双带头人”创造学习机会、加强党支部书记培训，提高理论认识，激发创新思维，调动工作积极性；吸收教工党支部书记参与讨论和决定学院重大问题，多措并举保障“双带头人”作用发挥。“头雁领航”带动“雁阵效应”，落实党建与业务同频共振、相互促进。

学院教师党支部建设取得丰硕成果。物联网工程教研室党支部获批首批山东党建工作样板党支部、山东高校“双带头人”教师党支部书记工作室培育创建单位并通过建设验收。“双带头人”培育工程效果显著。教师党支部书记先后获评优秀省人大代表建议、山东省人民政府决策咨询奖一等奖、中国电力创新奖二等奖、山东省青年教师讲课比赛三等奖，主持山东省高等学校“青创团队计划”团队等。

## 第四节　案例分析与启示

近年来，山东建筑大学信息与电气工程学院党委持续聚力以高质量党建赋能教师高质量发展，围绕提升教师政治素养、思想素质和业务能力，培育打造赋能教师高质量发展的党建品牌。本节选取了学院各级党组织在教师党支部建设、师德师风建设、教学育人能力提升、师德典型培育等方面的部分案例，相信对于其他党组织开展赋能教师高质量发展品牌的创建实践可以起到一定参考和借鉴作用。

### 案例一：强化党建引领，实现党建工作和业务工作融合发展——山东建筑大学物联网工程教研室党支部创建山东党建工作样板支部纪实

山东建筑大学信息与电气工程学院物联网工程教研室党支部 2019 年入选首批山东党建工作样板支部、山东高校“双带头人”教师党支部书记工作室培育创建单位。支部现有教工党员 7 人，坚持党建引领，强化党支部自身建设，找准党建和业务工作融合发展的切入点，聚焦育人主责主业，努力在服务社会发展

上建新功，培育创建工作取得明显成效。2023 年，党支部顺利通过首批山东党建工作样板支部、山东高校“双带头人”教师党支部书记工作室建设验收。

### （一）筑牢党建阵地，抓好支部自身建设

党支部注重发挥“头雁”作用，明确支部委员的职责，细化党支部工作流程，建设团结有力的好班子，筑牢支部工作根基，充分发挥党支部班子的把关定向作用。物联网工程教研室党支部书记李明曾任山东省人大代表，同时担任教研室主任，更好实现了党建工作和业务工作同谋划、同部署。

党支部注重强化政治功能，把习近平新时代中国特色社会主义思想的学习成果转化为增强党性的实际行动和做好工作的思路举措，提高党员党性修养，做到在关键时刻党员站出来，党的形象树起来。

加强线下线上党员活动阵地建设，将党员活动室打造成党员活动、议事的阵地，坚持用好网上 e 支部平台和样板支部网页，有力增强党员的责任感和归属感，唱响党的主旋律。

规范党的组织生活，增强“三会一课”的时代感和吸引力，提高党员教育效果。邀请省委党校专家讲党课，与省先进基层党组织交流学习党建经验，开展“党建引领双向融合，党支部共建聚合力”主题党日活动。支部书记讲授的微党课获评学校精品党课，学校党委组织部在全校党员中推广观看，并在学习强国发布。

### （二）强化党建引领，聚焦育人主责主业

党支部 7 名党员中，教授 2 人，副教授 4 人。支部党员在日常教学科研生活中发挥示范带动作用，党员获评山东省泰山学者青年专家、山东省优秀青年基金获得者、泉城特聘专家、山东省优秀科技工作者。

党支部大力推进课程思政建设，集体学习《高等学校课程思政建设指导纲要》，购买相关线上课程，就物联网工程教研室开设的课程进行课程思政方案研讨，逐步形成物联网专业课程思政建设体系。1 门课程入选山东省课程思政示范课程，2 门课程入选校级课程思政示范课程。

党支部发挥战斗堡垒作用，构建人才培养闭环反馈机制，服务学生成长成才。召开“师生共建，立德树人”党员大会，建立师生党建交流微信群，组织毕业生“云端返校”，了解学生发展状况和需求，聘请优秀毕业生作为校外就业导师，实现教与学高质量发展。

学生创新实践能力已成为毕业生就业竞争力的关键因素。党支部在完善人才培养体系上下功夫，发挥党建联建的资源优势，搭建学生实习实训平台，推动校企合作，掌握企业对人才的需求，与企业导师联合设计实训课程。支部党员倡导专业学生积极参与实践创新活动，投身竞赛指导，学生获奖率逐年提升，近年来本专业学生在各类大赛中获得各类国家级、省部级奖项 40 余次，受益学生 200 余人次。用人单位发来感谢信，对人才质量表示满意。

（三）抓党建促发展，有力服务社会发展

党支部与政府、行业协会、企业共建支部，搭建政产学研合作平台，党支部先后与济南市口岸和物流办公室物流处党支部、山东省物联网协会党支部、山东省供应链管理协会党支部等组织联合党日活动，以“结对共建促发展”为主题，共享党建资源，研讨人才对接、技术服务等，指导学生择业就业。

党支部发挥党员智力和科研优势，为企业提供技术指导，为行业转型升级提供决策咨询，与多家企业开展横向课题研究。党支部党员参与完成多项行业研究课题，物联网工程教研室党支部书记李明撰写的建议报告获得山东省委、省政府主要领导批示，获评山东省人民政府决策咨询一等奖、优秀省人大代表建议。

今后物联网工程教研室党支部将继续弘扬伟大建党精神，坚守为党育人、为国育才的初心使命，坚持党建工作和业务工作融合发展，努力为教育事业和经济社会发展做出新贡献！

**启示：**山东建筑大学信息与电气工程学院物联网工程教研室党支部作为首批山东党建工作样板支部、山东高校“双带头人”教师党支部书记工作室培育创建单位，坚持党建引领，落实样板支部培育创建要求，充分发挥党支部的政治功能，强化党支部规范化建设，聚焦育人主责主业，以实际行动落实高校社会服务职能，找准党建与业务的结合点，实现党建和业务融合发展，为其他教师党支部质量创优提供借鉴和参考。

## 案例二：创新教师思想政治教育　全面提升师德师风建设水平

山东建筑大学信息与电气工程学院党委高度重视师德师风建设，把师德师风建设作为加强教师队伍的首要任务，不断强化组织领导，完善工作机制，拓宽工作路径，形成教师思想政治工作全链条、全过程管理，教育引导学院教师争做新时代“四有”好老师。

### （一）强化理论武装，筑牢教职工理想信念

学院注重加强理论学习，用习近平新时代中国特色社会主义思想凝心铸魂。精心制订学院党委理论学习中心组学习计划，设立领学人，保证学习效果。教职工政治理论学习聚焦师德师风教育，注重与宣讲国家方针政策、经常性纪律教育紧密结合。集中学习师德师风相关政策文件，学习全国教书育人楷模事迹、《习近平给全国高校黄大年式教师团队代表的回信》等，集中组织全体教工观看爱国主义影片《钱学森》，引导教师行为世范，做“经师”“人师”的统一者；集中学习师德失范典型案例、学校教师师德失范行为负面清单及处理办法、意识形态工作负面清单等，发挥警示教育作用。以专家辅导深化学习，邀请第十四届全国人大代表、山东大学儒学高等研究院特聘教授杨朝明以“坚持守正创新，建设文化强国”为题，解读文化自信与文化强国，带大家领略中华优秀传统文化的博大精深和思想精髓，让大家认识到坚定文化自信的现实意义；邀请学校马克思主义学院教授邹焕梅为全体教职工做题为“贯彻党的二十大精神，维护国家意识形态安全”的专题讲座，切实提高维护意识形态安全的思想自觉和行动自觉。

### （二）以高质量党建为引领，发挥榜样示范作用

坚持把政治建设放在首位，落实全面从严治党要求，建设过硬教师党支部，注重发挥教师党员的带头示范作用。学院加强党建工作规范化和品牌化建设，深入推进高校“双带头人”教师党支部书记培育工程，线上线下多渠道开展党务工作、党员教育培训，做好在优秀青年教师中发展党员的工作，基层党组织的凝聚力、向心力和战斗力持续加强。实施“一支部一品牌”，各教工党支部围绕学生成长、教师发展需求，创建“校政行企党建合创协同育人”“温故竞新、育电气英才”等支部品牌。其中电气专业基础教研室党支部党员利用业余时间开展“星光课堂”课后教学服务，采取线上线下相结合的方式给学生进行课后辅导，加深学生对知识的理解，提高综合运用所学基本理论分析和解决实际工程问题的能力；电气工程及其自动化教研室党支部开展一对一帮扶学业困难学生和专业范围内学科竞赛辅导。基层党组织建设取得丰硕成果，学院党委获批第二批山东党建工作标杆院系培育创建单位，物联网工程教研室党支部顺利通过首批

山东党建工作样板支部、山东高校“双带头人”教师党支部书记工作室培育验收。通信工程教研室党支部获批学校首批党建工作样板支部培育创建单位。学院设立党员先锋岗，大力培树和宣传师德先进典型，积极引导广大教师坚定为党育人、为国育才的初心使命，以德立身、以德立学、以德施教。3 人获评山东省“十佳好军嫂”、山东高校辅导员年度人物、山东省优秀科技工作者，7 人在学校荣誉体系中获奖。

### （三）构建科学的协同育人机制，落实立德树人根本任务

立德树人是中国特色社会主义教育事业的根本任务。学院把思想政治教育贯穿人才培养的全过程，发挥好教师队伍、课程建设、课堂教学在思想政治教育工作中的重要作用。学院坚持把师德师风作为评价教师队伍素质的第一标准，引导教师坚持教书育人与自我修养相结合，做到以德立身、以德立学、以德施教，大力培养造就一支师德高尚、业务精湛、结构合理、充满活力的高素质专业化教师队伍。构建“党政班子＋专业课教师＋辅导员＋班主任”的协同育人机制，在学业指导、就业指导、科技实践指导等工作中发挥重要作用。实施班主任量化考核，每年评选优秀班主任。注重以工程教育认证、国家和省级一流本科专业建设为契机，推动提升教学理念和教学方法改革，激发教师的教学热情和教学活力，全面提高教育教学质量。深入挖掘各类课程、各培养环节的育人功能，推进课程思政建设。

### （四）培育“信”品牌，打造富有学院特色的廉洁文化

学院精心培育“信”品牌，弘扬“信”文化，构建富有学院特色的廉洁文化体系，在师生中厚植廉洁文化，保障和推动各项事业高质量发展。面向教职工精心开展常态化纪律教育，使铁的纪律成为师生的自觉遵循。自 2022 年开始，向每位教职工赠送“清风筑梦　信达天下”个人名章，章底镌刻着教师的姓名。印章承载着学院“以印传情”的嘱托，与“信”文化品牌不谋而合。信电人携一方印章，抱诚守真，把崇德尚廉内化为自觉行动，践行“清风筑梦　信达天下”承诺，两袖清风筑梦前行，胸怀诚信兼济天下。学院全体师生党员分批次集中观看学校“青莲”廉洁书画作品展，进一步筑牢党性根基，将积极向上、崇德向善、清廉自守作为精神追求。

（五）加强情境教育，发挥阵地育人功能

学院注重发挥校内外阵地的育人功能。精心制订党员现场教育方案，组织党员到红色基地进行参观学习，提高党性修养。教工党支部赴山东原山艰苦创业教育基地、淄博焦裕禄纪念馆等开展现场教育。在焦裕禄纪念馆，全体人员认真聆听讲解员讲述，观看图片、实物等档案资料，了解人民公仆焦裕禄同志奋斗的一生，学习焦裕禄精神。以“建好阵地”为着力点，学院在信息楼建立了开放式“鸿雁”党建书吧，展出理论学习书籍 100 余册，集中宣传展示党史关键词、百年党史中的精神谱系等党史知识，引导师生在浓浓书香中读出高尚好品行，读出红色凝聚力，读出勤廉好作风。

组织教工党员赴焦裕禄纪念馆开展现场教育

**启示：**山东建筑大学信息与电气工程学院党委把师德师风建设作为加强教师队伍的首要任务，充分发挥各级党组织的战斗堡垒作用，不断强化组织领导、创新教育形式、拓宽工作路径、加强典型培育，树师德、正师风、铸师魂，形成了教师思想政治工作全链条、全过程管理，教育引导学院教师争做新时代“四有”好老师。广大教师立足岗位做贡献，在疫情防控、首批学生搬迁入住烟台基地的关键时期，坚决完成学校党委决策部署，投身教学科研、学生培养、服务社会等工作，取得了骄人成绩。

## 案例三："以赛促教，以赛促学"支部党建品牌创建

党建品牌培育可以提升组织形象，加强吸引力和凝聚力，增强党员干部的使命感和责任感，促进组织发展壮大。自2022年以来，山东建筑大学信息与电气工程学院通信工程教研室党支部精心培育"以赛促教，以赛促学"党建品牌，强调教育教学应该重视实践能力的培养与创新意识的激发，鼓励学生提高自身综合素质。"以赛促教，以赛促学"党建品牌创建以来，营造了浓厚的学习氛围和团队协作精神，有效提升了教师的教学能力和学生的专业实践能力，有力推进了教育教学工作，培养了更多优秀的人才。

### （一）目标与思路

党支部坚持党建引领，抓党建促发展，党组织自身建设不断加强，获批山东建筑大学首批党建工作样板支部培育创建单位，2024年获评学校三八红旗集体。

"以赛促教，以赛促学"党建品牌创建的主要目标是促进学校优质教育资源的整合和利用，提高教师的教学能力和学生的专业实践能力，加强师生骨干队伍建设，形成良好的教育教学氛围，推动专业发展，提升师生整体水平。举办教师教学比赛和学生学科竞赛等活动，激发人员的积极性，打破教学常规，创新教学方式和手段；通过比赛的评选，精选出具有较高综合素质和专业素养的代表进行表彰，增强教师和学生的自信心，同时在名师的指导下，通过"以赛促教"促进教师专业技能的提升；在师生的共同参与中，营造勤奋创新的学习氛围，加强学科知识的运用，从而推进和提高教师的教学水平，提高学生的实践能力。

### （二）具体做法

1.组织教师教学比赛

党支部组织教师参加青年教师讲课比赛、教学创新大赛等多种形式的教学比赛，鼓励教师们在日常教学中大胆创新，共同提高教学质量。

2.组织学生学科竞赛

组织学生参加多层次、多类型的学科竞赛，如"大唐杯"全国大学生新一代信息通信技术大赛、全国大学生数学竞赛、全国大学生数学建模竞赛、山东省大学生科普创新设计与展示大赛、山东省"超星杯"大学生电工电子学科创新大赛等，激发学生们的求知欲和学习热情，提升学科素养。

3.打造品牌活动

以“以赛促教，以赛促学”为主题，开展一系列富有特色的品牌活动，如“学习贯彻党的二十大精神，促进教学高质量发展”主题党日活动等，提高“三会一课”的活力和吸引力。

4.加强平台和机制建设

借助实践基地等提供专业技术支持，提供更多基础设施和资源，为师生参与教学比赛和学科竞赛创造便捷条件。同时，建立健全评价机制，鼓励广大师生积极参与支部党建品牌创建活动。

以上具体做法不仅有效提升了教师整体教学水平和师生素质，而且有助于加深人们对党建工作的认可和关注，推进学校、学院的持续发展。

### （三）取得的成效

1.提升师生的综合素质

通过参与教学比赛和学科竞赛，教师和学生不断接受新知识、培训新技能，提高自身综合素质和教育教学水平。通信工程教研室党支部书记马路娟先后获评山东建筑大学青年教师教学比赛二等奖、山东省青年教师教学比赛三等奖、全国高等学校电子信息类专业青年教师授课竞赛二等奖；郝丽丽、马路娟、马翔雪被评为学校优秀班主任；李斐获“蓝桥杯”全国软件和信息化专业人才优秀指导教师；宫淑兰、曹建荣、李斐、田长彬获得校级优秀指导教师；宫淑兰获得校级优秀教学质量奖；庄华伟、宫淑兰获批校级教研项目。学生竞赛参与率显著提高，获奖数量和层次创历史新高。

2.增强支部的凝聚力

品牌化的教师教学比赛、学生学科竞赛等活动，加强了师生之间的交流和合作，促进了专业师生的团结和凝聚。随着“以赛促教，以赛促学”党建品牌的深入开展，党支部逐渐形成了优质的品牌形象，有力推动了专业教师队伍建设，有效提高了学生和家长对专业的认可度。

3.推进专业发展

由于教育教学的全面改进和提升，党支部的组织力和凝聚力显著提高，也给未来的发展带来了更大的信心。通信工程专业获评省级一流本科专业建设点；工程认证自评报告获得通过，已进入专家进校阶段。

学校组织部党支部与通信工程教研室党支部开展“共读一本书”主题党日活动

**启示**：信息与电气工程学院通信工程教研室党支部精心培育“以赛促教，以赛促学”党建品牌，实现“以赛促教”赋能教师发展、“以赛促学”提升学生素质。通过“以赛促教”，专业教师积极参加教学比赛，激发教学创新动力，创新教学理念和教学方法，科学设计教学内容，为教学能力提升创造了积极的学习环境，对建设高素质专业化教师队伍起到很好的促进作用；通过“以赛促学”，党支部组织和指导学生参加专业类竞赛，通过教学设计和课程设置、学校和企业合作等多种途径将竞赛活动融入学习、教学环节，提高了教育教学和学生专业课程学习效果，有力提升了学生的创新实践能力和团队协作能力，学生科技竞赛成绩斐然。

## 案例四：创建“星火”党建品牌　以点带面引领专业发展

创建支部党建品牌是加强党支部的组织建设、提升支部活力的有力举措。自2022年以来，山东建筑大学信息与电气工程学院电子信息工程教研室党支部，以党建为引领，创建“星火”党建品牌，聚焦思想教育、教学科研、学生培养三项重点任务，长期举办“星火”电子信息沙龙，以点带面引领专业发展。

### （一）目标与思路

电子信息工程教研室党支部培育“星火”党建品牌，坚持“党建引领、寓教于学、以学促研、走近学生、走出校门”的原则，精心开展“星火”电子信息沙龙，以沙龙推动思想教育、教学科研和学生培养，坚持“请进来、走出去”的交流学习方式，使教学科研更加贴近社会需求，使党员教育和思想政治教育更加鲜活生动，深化校企合作，有力推动学生实现更加充分更高质量就业，从而实现以高质量党建引领电子信息工程专业高质量发展的目标。

### （二）具体做法

1.发挥党组织的组织功能，邀请行业和企业嘉宾做客沙龙

党支部精心制定年度沙龙计划，注重沙龙主题紧密联系行业、企业发展，邀请相关行业企业专家、优秀毕业生做客沙龙，使教学科研更加贴近社会需求，使党员教育和思想政治教育更加鲜活生动，同时推动校企合作走深走实。党支部动员电子信息工程教研室全体教职员工参与沙龙组织工作，先后邀请积成电子股份有限公司高级工程师王继军、国网山东省电力公司电力科学研究院高级工程师王士柏、浪潮集团工程师李萍、山东师范大学教授李红、校友程广磊等行业企业专家、资深教授、往届优秀毕业生 20 余人次，开展“线上＋线下”多种形式的“星火”沙龙，同时对学生进行就业辅导、考研辅导和专业问答，助力学生成长成才。

2.坚持“走出校门”现场学习，丰富创新学习形式

党支部组织骨干教师和党员赴红色教育基地、专业实习基地、知名企业等开展现场学习。活动开展以来，党支部先后组织党员到学校红色影视教育基地观看教育片，并交流学习体会；赴山东积成电子股份有限公司、山东艾诺仪器有限公司、山东省机器人与智能装备公共技术服务平台、百科荣创（山东）科技发展有限公司等开展走访。座谈中各公司对高校积极主动走访企业表达了高度赞赏，希望双方在教学科研、社会服务、学生就业等工作中开展深度合作，希望优秀建大学子能够加入企业，助力企业新一轮的高质量发展。通过现场学习，增强党员的党性意识，深化院企交流，聚力成长成才。

### （三）取得的成效

1.切实增强党性观念，有力构建常态化党员教育机制

“星火”党建品牌以党员为骨干，覆盖电子信息工程教研室全体教师，长期开展理论学习、示范带动和企业走访活动，创新丰富了党支部“三会一课”和教职工政治理论学习的内容和形式，提升了教育效果。支部党员立足岗位做贡献，1 人获评山东省“十佳好军嫂”。

2.切实增强专业发展力度，构建“教+学+用”体系

“星火”电子信息沙龙活动的举办，切实增强了专业发展力度，不同主题的沙龙活动针对专业发展中的不同问题，通过与学生、企业专家、兄弟院校教师、毕业生等不同人群的交流，找到专业发展过程中的痛点，突出“深化产教融合发展，提升高等教育质量”目标，有力推进机制创新、教师队伍建设、高质量发展等。目前，电子信息工程专业的工程认证自评报告获得通过，已进入专家进校阶段，专业培养质量得到提升，专业招生分数较上年有了较大提高。

3.切实增强校企合作，让行业与专业紧密相连

举办“星火”电子信息沙龙，深化校企合作，有力推动专业师资和实习实训基地建设。同时学生在聆听沙龙、参观企业的过程中，能够实现理论与实践相结合，提高学习主动性，更好认知社会和企业，对于学生明确就业选择、被理想企业录用也能够起到积极促进作用。

电子信息工程教研室党支部组织师生到企业走访调研

电子信息工程教研室党支部举办“星火”电子信息沙龙

**启示**：信息与电气工程学院电子信息工程教研室党支部精心培育“星火”党建品牌，聚焦思想教育、教学科研、学生培养三项重点任务，密切与行业和企业联系，长期举办“星火”电子信息沙龙，以点带面引领专业发展。在“星火”党建品牌培育过程中，充分发挥了党支部的组织功能，党员带头示范，实现了专业教研室教师全覆盖；创新丰富了党员教育、教职工政治理论学习的内容和形式，提升了教育效果；密切了专业与行业、企业的联系合作，深化了产教融合发展，有力带动了专业发展。同时，对于学生实现理论与实践相结合、增强对社会和企业的认知、明确就业选择以及推动高质量就业都起到了较大促进作用。

## 案例五：扎根一线三十载，文化铸魂育新人——2022 年山东高校辅导员年度人物张辉事迹

张辉，男，中共党员，汉族，历史学硕士，现任山东建筑大学信息与电气工程学院正科级辅导员。张辉从事一线学生工作期间，先后获评全国优秀大学生国学社团指导教师、省级社会实践优秀指导教师、省论语大会优秀指导教师、山东高校辅导员年度人物、学校“十佳辅导员”等荣誉称号，获聘校“学而书苑”国学育人工作室负责人。主持或参与省级、厅级、校级学生工作课题 9 项，发表论文 6 篇，主编思政著作 1 部，参与电视台录制思政微课《我读〈大学〉》。

### 扎根一线守初心　学生的口碑胜过金杯银杯

27 年的辅导员生涯，张辉曾担任 124 个班级、5000 余名学生的辅导员。任辅导员以来，他坚持每天早上 6 点到操场带学生一同做早操，坚持每周到学生宿舍示范物品摆放、衣服折叠，检查卫生、安全和是否有学生晚归，在学生事务管理中润物无声、铸魂育人。近 1 万个日日夜夜，他已经记不清在办公室、教室、宿舍、操场、路边与多少名学生促膝长谈、释疑解惑；记不清开过多少次班会、讲过多少次党团课，持续传播正能量；记不清多少次从自己不高的收入中，为多少名贫困生代交过学费、住院费；记不清多少次自费购买车票，做过多少次家访，与多少家长促膝长谈、探讨孩子健康成长；记不清多少次半夜第一时间赶赴学生宿舍，陪护过多少名学生住院治病；记不清为多少学生推荐实习实践和就业的岗位。他记着的只有坚持做好每一件与学生有关的事，对得起自己做辅导员的初心。

2020 年突如其来的新冠疫情给高校学生工作带来挑战，作为曾经带领学生

抗击过非典疫情的一名老辅导员，张辉第一时间利用网络积极向学生和家长宣传防疫政策措施，并迅速在自己所带的班级建立网格化疫情防控体系。疫情期间，他坚持把疫情防控各项规定落实落细，时刻守护着学生的健康与安全。2022 年上半年，学校因疫情封闭管理，张辉坚守工作一线 47 天，与学生同吃同住，将思想政治教育融入学生的日常生活。当时正值 2018 级学生的毕业季，张辉一方面积极联系企业、校友开拓就业市场，另一方面走进宿舍与学生谈心谈话，最终他所带的三个专业的毕业生就业率全部达标。

一名毕业生在 20 年毕业聚会时感慨地说："大学里要不是遇到张老师，我的人生可能就是另外一种活法。"学生的口碑胜过金杯银杯，学生们认同张辉，因为他走进了学生心中。在张辉眼里，能培养好学生比职位和职称更重要，学生的成长就是他最大的成就，让他一直引以为豪的是，在各大建筑企业都有他的学生在那里做工程师。

### 结合专业做探索　将国学融入思想政治教育

张辉作为一名热爱传统文化的辅导员，2007 年师从尼山世界儒学中心副主任、中国孔子研究院院长杨朝明，潜心学习国学，工作性质和个人专业使他在从事学生工作中多了一些与众不同的思考，开启了利用专业优势将国学融入学生思想政治教育的探索。

2009 年，张辉在担任辅导员的电气 095 班，开启了将国学文化融入学生思想政治教育的实验，家距学校 20 公里的他，在没有任何补贴的情况下，三年如一日，坚持利用周末休息时间，给电气 095 班的学生每周讲两堂国学课。三年间，受《千字文》《弟子规》《论语》的熏陶，电气 095 班的学生逐渐对传统文化产生了浓厚兴趣，并且在实践中传承弘扬中华优秀传统文化。这场悄悄进行的"国学实验"，让全班同学懂得明礼修身、团结友爱，懂得诚信知报、精忠报国。该班级的朱静茂毕业后甘做一颗螺丝钉，多年扎根内蒙古戈壁沙漠，为国家风电建设做贡献，正是张辉多年的熏陶锻炼了他沉稳的性格、面对困难的勇气、敢打敢拼的胆量和不屈不挠的斗志。

这场实验坚定了张辉在学校推广国学教育的信心。2010 年，他指导学生成立校级学生社团——国学社，累计培养学生 2000 余人，坚持为学生讲授《大学》《中庸》《论语》《孟子》《道德经》《千字文》《弟子规》等文化经典，共计 400 余节、近 800 课时。国学社获评全国优秀大学生国学社团，2 名国学社会员获评中国大学生自强之星，8 名获山东省大学生国学达人赛、“论语大会”省级奖，“国学下乡”社会实践团足迹遍及山东省内多个地市。张辉所推行的国学经典诵读、成人礼、国学下乡已经成为学校里一道亮丽的风景线，新生入学报到、迎新晚会、毕业晚会等活动期间，在体育场、教室、活动长廊等地点都会看到其寓文化于教育的生动展示。

### 立足岗位强本领　写好辅导员老兵新传

当年的同事和后来的很多年轻辅导员渐渐走向了领导岗位，但张辉仍然坚守辅导员岗位，秉持一生只做一件事、一生做好一件事的理念，在自己的工作岗位上默默奉献。如今的他坚持做好辅导员传帮带的工作，为年轻辅导员们做好培训示范，使他们快速成长适应岗位要求。

张辉坚持“问题即课题”的理念，带领新入职的辅导员以研究提升思政教育工作水平。他聚焦优秀传统文化进校园的路径研究，构建了“学团组织＋文体活动＋展演体验”的高校传统文化教育运行机制。主编思政图书《山东故事》，参与电视台录制思政微课《我读〈大学〉》。开展大学生资助育人工作研究，构建“一心双环”的资助育人共同体，从 4 个维度打造 6 个资助育人实践平台，推进资助育人质量提升。张辉主持山东省教育科学规划课题 1 项、山东省青少年教育科学规划课题 1 项、校级课题 1 项，参与创新创业课题 6 项，发表创新创业类论文 6 篇，实现了理论和实践的共进步。

“我热爱辅导员工作，愿意将其作为我终身的职业，并为之奋斗不息，因为这份职业能够点燃希望，照亮学子前行的道路。”张辉如是说，也是这样做的。27 年的辅导员职业生涯，他陪伴学子们走过了人生最美好的青春，他把每一名学生都当作自己的亲人，希望通过自己的努力让他们更加幸福和勇敢！

信息与电气工程学院辅导员张辉（右五）获评山东高校辅导员年度人物

**启示**:山东建筑大学信息与电气工程学院辅导员张辉扎根一线守初心,热爱辅导员工作,将辅导员作为终身职业;热爱学生,将每名学生装在心中,把学生的成长看作自己最大的成就;结合专业做探索,将优秀传统文化融入思想政治教育,主持学校"学而书苑"辅导员工作室,指导学生社团国学社获评全国优秀大学生国学社团,组织举办学校传统文化节,开展国学下乡社会实践,主编出版《中华美德故事精选》,探索构建"四位一体"国学育人新模式;立足岗位强本领,以工作研究提升思想政治教育工作水平,做好辅导员传帮带工作,书写了辅导员的老兵新传。

## 案例六:做无悔军嫂,筑坚强后盾——山东省第十三届"十佳好军嫂"耿淑娟事迹

2022年7月29日,山东省第十三届"十佳好军嫂"颁奖会在济南举行。山东建筑大学信息与电气工程学院副教授耿淑娟被评为山东省"十佳好军嫂",并作为好军嫂代表发言,讲述了矢志不渝支持丈夫投身国防事业的感人故事。选择成为一名军嫂,她义无反顾,虽不能同爱人长相守,但做到了与家国共命运、心连心,在平凡中散发出崇高的光芒,犹如一颗璀璨的明星闪耀在时代的天空。

回首过往,1994年身为同窗的耿淑娟夫妇在大学相遇、相知、相爱,1998年毕业后,耿淑娟夫妇尊重彼此的选择,丈夫踏上了向往已久的军旅生涯,而耿淑娟选择了留校任教。2000年耿淑娟夫妇步入婚姻的殿堂,耿淑娟成为一名光荣的军嫂。24年的军嫂生涯,她深深地感受到"军嫂"不仅是一种称谓,更是一种责任与担当。

### 甘愿吃苦担起责任,做一名支撑军人家庭的"贤内助"

丈夫常年驻守边疆,聚少离多"牛郎织女"般的生活,饱含了太多的孤寂与辛酸,但这些并没有让耿淑娟一味抱怨,既然当初选择了做"军嫂",她就做好了"吃苦"的准备。

印象最深刻的是,2008年春晚小品《军嫂上岛》,那种近在咫尺又不能相见的无助和难耐,在别人看来是故事,而于耿淑娟来说则是亲身经历。丈夫在海岛工作21年,其中在以艰苦著称的"四无岛"大竹山岛待过6年。这期间耿淑娟利用假期14次上岛,遇到恶劣天气,在船上吐得昏天黑地。有一次船到半路刮起了大风,她乘坐的船到了大竹山,因为风浪太大始终靠不了码头,丈夫在码

头向她招手，她看得见，丈夫呼喊着她，她也听得见。当时，她真正体会到了什么是“咫尺天涯”，最后只能随船返航。

体会最深刻的是，与丈夫相隔千里，为了不让他工作分心，耿淑娟总是报喜不报忧，家里的大事小情，她都一个人承担。婆婆腰椎间盘突出，压迫坐骨神经，长年腿痛，她就把婆婆接到济南来精心治疗、悉心照顾；父亲突然辞世，她强忍心中悲痛，独自默默承受；孩子生病，她自己一个人半夜带孩子上医院……最值得庆幸的是，虽然丈夫因为工作原因，没有见证孩子成长过程，但大儿子活泼开朗、兴趣广泛，和爸爸感情很好，并以优异的成绩考入了山东省实验中学，荣获全国中学生物理竞赛省级二等奖。他常挂在嘴边的一句话是“我虽然缺少爸爸的陪伴，但我从不缺少父爱”。2020 年耿淑娟夫妇家里迎来了新成员，她在 44 岁高龄又一次做妈妈，生产时丈夫因部队紧急任务依然没能陪在她身边，如今小儿子已经快两岁了，总共见过爸爸 3 次，每次让他喊爸爸，总是拿起手机“爸爸，爸爸”地叫个不停。

耿淑娟也是普通人，也有脆弱的一面，在身心疲惫的时候，也偷偷地掉过眼泪，但是一想到丈夫属于部队这个大家庭，她怎能因为小家而耽误了大家呢，作为军嫂，她必须理解他，理解他的责任，否则就愧对了“军嫂”的称号。生活虽然艰辛，但一想到丈夫的不容易和一对可爱的儿子，还有什么困难不能克服呢。

### 自立自强追求梦想，做一名忠于教育事业的“好老师”

耿淑娟是一名大学教师，单位里有关心她成长的领导、团结友爱的同事以及可爱奋进的学生。面对学子们的拳拳之心，她常常告诫自己不能有丝毫懈怠。虽然教学科研任务繁重，但为了让枯燥的课堂变得生动有趣，她经常利用网络资源，在课余时间收集与课程相关的信息，充实授课内容。耿淑娟的努力得到了领导、同事的肯定和认可。所承担的课程被评为山东建筑大学课堂教学示范课、精品课程，获得山东建筑大学优秀教学质量奖，累计发表高水平学术论文 20 余篇。

教学科研之余，耿淑娟坚持持续不断自我提升，在家庭和工作的双重压力下，克服重重困难，在 41 岁时获得博士学位，并先后被内长山要塞区评为“十佳好军嫂”，被原济南军区评为济南军区好军嫂，被山东省妇联授予三八红旗手称号。

### 尽己所能理解支持，做一名尊重军人事业的“好妻子”

丈夫从军26年，一直在边海防工作，始终能够安心本职、建功边疆。随着和部队官兵的接触越来越多，耿淑娟慢慢读懂了丈夫那份爱部队爱官兵的情怀，对他的选择也有了更深切的理解，总想着能为部队做点什么。于是耿淑娟利用寒暑假到部队探亲的时机，到连队和哨所看望慰问官兵，充分利用大学优质教育资源，给考军校的战士补习文化课。海岛和边境的经济条件相对落后，耿淑娟夫妇看到有些学生和战士因为经济原因难以继续学业，决定予以帮助，先后捐款捐物54680元，帮助3名家庭困难学生和4名战士完成学业、渡过难关。

在这些年的互敬互爱中，丈夫在事业上也取得了可喜的成绩，被授予科学带兵育人模范指导员荣誉称号，荣立二等功、三等功各一次，先后获得全军优秀共产党员、全军优秀大学生干部、山东省十大杰出青年、山东省军区优秀共产党员等多项表彰，并受邀参加全国劳动模范表彰大会和纪念中国人民抗日战争胜利70周年阅兵观礼。

耿淑娟期盼着能与丈夫长相厮守，可她深知“服从命令是军人的天职”“全力支持丈夫工作更是军嫂的天职”，她只有与他同呼吸、共命运、心连心，才能成为丈夫的坚强后盾。

一路走来，日子虽然辛苦，但耿淑娟始终微笑面对生活赋予她的一切，感恩始终与她相濡以沫的丈夫，满足于温暖和谐的幸福家庭，更珍惜这来之不易的特殊荣誉。耿淑娟感谢组织多年的培养，感谢丈夫在她内心迷茫的时候给予的支持和帮助，同时还特别感谢组织这次给她的荣誉，让她时刻不忘“军嫂”的使命，继续支持丈夫的工作，为实现强军强国梦贡献自己的力量。

信息与电气工程学院教师党员耿淑娟获评山东省第十三届“十佳好军嫂”

**启示**：山东建筑大学信息与电气工程学院副教授耿淑娟用爱与行动诠释了如何做一名好军嫂、好老师，先后被授予山东省三八红旗手、济南军区好军嫂、山东省“十佳好军嫂”等称号。耿淑娟与丈夫同为山东建筑大学信息与电气工程系学院校友，毕业后尊重彼此选择，丈夫投身军旅，耿淑娟选择做一名军嫂，义无反顾，用坚强与执着撑起整个家庭，矢志不渝支持丈夫投身国防事业。作为一名高校教师，她爱岗敬业，钻研教学科研工作，41岁时获得博士学位，三尺讲台倾心施教，担任班主任，尽心育才，做忠于教育事业的好老师，用奋斗与担当为社会奉献自己的力量。

# 第六章　立体式党建阵地品牌创建

品牌化和立体化是党建阵地建设质量提升工程的两个重要方面，要充分认识品牌化对提升阵地建设质量的重要作用，同时要统筹建好用好各类阵地，形成立体式党建阵地矩阵。立体式党建阵地品牌创建是实现党建阵地建设 1＋1＞2的重要路径。

## 第一节　立体式党建阵地品牌创建的价值体现

习近平总书记强调："实现党在新时代新征程的使命任务，党的建设和组织工作要有新担当新作为。"[①]党建阵地是基层党组织、党员、群众开展活动的重要载体，是高校党建工作的重要内容。阵地建设包含的内容十分广泛，既包括活动场地等硬件设施，又包含理论学习、文化宣传、党建活动等载体，还包括网络媒体等平台。高校党建工作面向青年学生和教师，工作对象的特点和高校肩负的使命决定了高校党建工作是一项复杂的工程，因此高校党建阵地建设要充分结合工作对象的特点，有针对性地开展工作。以品牌化打造提升阵地建设高度，以项目化机制挖掘阵地深度，以网络化载体拓展阵地宽度，形成多管齐下、同频共振的立体式党建阵地，是推进高校党建和业务高质量提升的有效路径。

---

① 《习近平对党的建设和组织工作作出重要指示强调　深刻领会党中央关于党的建设的重要思想　不断提高组织工作质量》，《人民日报》2023 年 6 月 30 日。

## 一、把握高校阵地建设的特点

为党育人、为国育才的职责和历史使命决定了高校党的建设具有特殊的地位、作用。构建高质量的党建工作体系是提升高校党的建设质量的重要因素，因此创建高质量的党建阵地、推进党建阵地的规范化系统化建设是高校党建工作的重要任务。党建阵地不仅仅是党建工作宣传的窗口和组织活动的场所，其功能也不只是通过图文、声光电等手段来展示本单位的党建工作特色。高校所肩负的任务的艰巨性以及高校党建工作对象的特征决定了高校党建工作阵地建设有着自身的特点，把握住这些特点是开展高校党建阵地建设的前提和基础。好的党建阵地建设应该把握以下特点：一是形象展示充分。要把学校、学院的党建成果和发展业绩充分展示出来。二是作用发挥综合。要把党建阵地的理论学习、支部活动、党员教育、志愿服务等功能融合到阵地建设过程中，发挥阵地的综合育人功能。三是工作特色鲜明。要将品牌化的理念贯穿阵地建设始终，以品牌化推动阵地的规范化，形成特色鲜明的标识和特点突出的内容，带动阵地建设水平的提升。四是形成体系化的矩阵。要充分发挥各类阵地的作用，同时形成立体化的格局，实现优势互补、资源共享，形成体系化推动、线上线下联动的党建工作格局。

## 二、阵地建设是高校党建工作的重要内容

党的二十大报告提出的“把基层党组织建设成为有效实现党的领导的坚强战斗堡垒”[①]，对高校党建阵地建设提出了新的要求。高校党建阵地建设为高质量党建和高素质人才培养提供了充分保障，成为高校党建工作的重要组成部分，受到越来越多高校的重视。随着时代的发展，党建阵地的内容和形式也越来越丰富，可以划分为活动阵地、组织阵地、宣传阵地、网络阵地四类。在工作中建设好这四类阵地，充分发挥好这四类阵地的作用，是基层党务工作者的必修课。基层党建阵地建设要因地制宜，充分利用既有载体和平台，这是阵地建设的重要基础。有了阵地的保障，日常工作才能找到切入点和突破点，才能达到事半功倍的效果。一是党建阵地能够凝聚多方合力。阵地建设能够实现资

---

① 习近平：《高举中国特色社会主义伟大旗帜　为全面建设社会主义现代化国家而团结奋斗——在中国共产党第二十次全国代表大会上的报告》，人民出版社 2022 年版，第 67 页。

源整合，并随着工作要求的提升和形势的变化，成为工作开展的重要支撑点。用好和巩固既有阵地，挖掘和建设新的阵地，是做好新形势下党的工作的必然要求。二是党建阵地建设能够提升育人成效。良好的阵地为全过程、全方位的育人提供必要的条件，为实现立德树人这一根本任务提供必要的保障，各类阵地作用的有效发挥为学生成长成才提供良好外部条件，提升育人工作的成效。三是党建阵地建设能够彰显学校、学院特色。高校各级党组织结合自身特点打造阵地，能够更好地促进党建和业务融合发展。结合学院发展历程、专业特点等建设的阵地特色更加鲜明，更具有吸引力，更能产生凝聚力。四是党建阵地建设能够推动校园文化发展。校园文化的丰富性、参与性、体验性能够为开展党员教育提供丰富的载体。通过打造宣讲团、读书会以及开展党员志愿服务等，理论学习更具吸引力和感召力，可以提升党员教育工作质量。党建阵地建设同时能够为共青团组织提供有效的支持和保障，促进共青团组织作用的发挥，实现党建带团建，为学生党建工作奠定坚实基础。

## 三、党建阵地是党组织开展各项工作的重要保障

《中共中央关于加强党的政治建设的意见》明确提出："加强党的政治建设，要把建章立制贯穿全过程各方面，建立健全长效机制，形成系统完备、有效管用的政治规范体系，真正实现党的政治建设有章可循、有据可依。"[①]坚实的阵地为党建工作创造了良好的工作环境，为开展各项工作提供了丰富的载体，促进了党建工作的制度化和系统化。一是阵地是活动组织的重要保障。党建活动要有必要的场地，良好的场地条件也必将提升党建活动的组织水平。高水平的阵地建设有利于实现党建工作的制度化，推动党建工作的系统化，提升党组织的凝聚力和号召力。组织力提升了，党组织就能发挥好党员个体的能量，就能更好地引领青年。二是阵地是开展党员教育的重要保障。党建阵地是加强新时代党员教育的重要场所，为开展党员教育提供丰富的载体。用好党建阵地既能够保障工作任务的完成，又能够提升党员教育的成效，成为衡量党员教育水平的重要指标。三是阵地是宣传工作的重要保障。党建阵地是学习、宣传、贯彻党的理论和路线方针政策的重要平台，高校结合校园文化建设文化长廊、用好宣传栏、建设理论学习网站，通过营造宣传氛围，因地制宜地打造特色宣传阵

① 《中共中央关于加强党的政治建设的意见》，人民出版社 2019 年版，第 25 页。

地。同时发挥好共青团、社团等群团组织的作用，及时了解青年学生的需求与想法，组织文艺体育、社会实践、科技竞赛等活动，在活动中服务青年、凝聚青年和引领青年。

## 四、党建阵地是提升党建工作水平的重要路径

加强党对高校的领导和高校党的建设，是办好中国特色社会主义大学的根本保证。高校加强党建阵地建设，是提高党建工作质量的重要举措，也是深入贯彻党的二十大精神的必然要求。党建阵地是增强党组织战斗堡垒作用的基础保障，是衡量高校党建工作水平的重要指标。一是党建阵地建设能够提升党组织的吸引力。党建阵地的规范化，能有效地提升党员教育的吸引力、凝聚力和感召力，党员教育有了着力点，党员自然也就更有责任感、自豪感。二是党建阵地建设能够提升党组织的凝聚力。党建阵地是支部开展活动的重要支撑，为支部开展各类活动提供便利的条件，使支部活动常态化、系统化，让党员更有归属感。三是党建阵地建设能够提升党组织的组织力。党建阵地在政治引领、服务保障等方面发挥着重要的作用，特别是在意识形态领域，党建阵地是高校强化政治引领和开展正面宣传的重要平台。党建阵地的丰富和延伸能够有效促进基层党组织的组织力和战斗力，提升党建工作水平。

## 五、立体化是党建阵地建设的必然要求

党建阵地的立体化，是系统化党建工作体系的组成部分，只有统筹各类资源，融合线上线下多种渠道，才能发挥好阵地的综合作用。一是内容上的立体化。把党的主张、党员教育的内容等系统化，并寻求一定的载体呈现出来，使工作内容更加丰富，工作成效更加突出，立体化的内容更能体现党建工作的科学与厚重。二是形式上的立体化。既要利用好已有的校内外资源，又要挖掘和创造整合新的资源；既要有规范的课堂教学，又要有灵活多变的党建活动；既要充分利用好线下资源，又要充分利用好线上渠道。这种形式上的立体化让党建阵地的作用发挥更加充分。三是网络平台的立体化。当前网络阵地建设是党建阵地建设的重要内容。网络改变了我们的生活方式、学习方式，影响着师生的思想、人际交往等各方面，网络阵地能不能建好、用好、管好，也是考验基层党组织的试金石。立体化的党建阵地，让党建阵地在形式和内容上更加丰富，网络阵地的建设拓展了阵地的时空，为开展各项工作提供了更有力的保障。

### 六、品牌化是党建阵地建设的有效路径

党建阵地品牌化，是党建阵地建设的新阶段，是党建工作品牌化的重要组成部分。一是党建阵地品牌化是提升党建工作水平的需要。品牌化的阵地能够夯实党支部工作的基础，为党支部活动提供更稳定的保障，使支部活动更加规范化、标准化，从而进一步提升支部的活动水平和活动的吸引力，增加支部的凝聚力。二是党建阵地品牌化是深化党员教育管理的需要。品牌化的阵地能够提升党员教育管理水平，增强党员教育的吸引力和感染力，通过项目化的运作，可以形成长效机制，为党员教育管理注入源源不断的活力和动力。三是党建阵地品牌化是增强党组织组织力的需要。通过打造有形的和无形的党建阵地，形成立体化的工作格局，能进一步提升党组织的形象，有力促进党组织作用发挥。

## 第二节　立体式党建阵地品牌创建的原则

加强党建阵地建设是提升基层党组织工作水平、强化党员教育管理针对性和有效性的重要路径，党建阵地品牌化是提升阵地建设水平的重要手段，探索立体式党建阵地品牌的运行保障体系，是党建阵地“建、管、用”并举的有益举措。高校基层党组织要结合实际情况，因地制宜、因材施教，以阵地建设打造服务型党组织，完善基层党组织的保障体系。

### 一、把握党建阵地建设整体情况

高校党建阵地建设是一项长期性的工作，立体式党建阵地需要不断积累和完善，才能形成规模、构成体系。构建立体式党建阵地要充分结合实际情况，积极利用已有资源形成有效合力。要紧密结合学校、学院特点，突出特色，形成品牌，推进阵地建设的标准化和系统化，提升党建阵地建设水平。

#### （一）开展党建阵地建设调研

开展立体式党建阵地建设，首先要摸清党建阵地建设的底数，掌握阵地建设存在的短板，确定阵地建设的内容和方向，通过多层次的阵地建设形成统一、

互补的立体式阵地。一是做好党建阵地规模摸底。要对已有阵地情况进行梳理，同时挖掘整合资源，做好下一步阵地建设的规划，根据党组织日常工作需求，谋划好阵地立体化建设的目标和实施方案。二是做好阵地运行情况的调研。就党建阵地建设的现状、不足和改进措施，与党务工作者、党员及相关师生开展座谈和访谈，从党员个人和党组织建设两个层面合理评估党建阵地的作用发挥情况。三是做好新阵地建设调研工作。在制定新的阵地建设方案时，要充分考虑如何实现资源的整合，这是阵地建设的基础；还要综合运用线上线下相结合的模式，融合新技术，整合新资源，使阵地建设形成立体式的格局。对党建阵地现状的调研和新建阵地的规划是党建阵地建设的基础性工作，只有摸清了这些底数，才能进一步开展立体化党建阵地运行模式的探索。

### （二）党建阵地建设存在的问题

当前，高校对阵地建设越来越重视，典型的阵地建设案例也越来越多，但在实际工作中，各高校、各学院实际情况不尽相同，建设基础和条件也相差很大，党建阵地建设不平衡的情况比较突出，总体来讲存在以下共性的问题或者短板：一是宣传阵地模式缺乏创新。目前大多数院校的党建宣传阵地主要是文化长廊、宣传栏、学院党建专题网等。线上党建专题网内容和形式还不够丰富，尤其是运用全媒体技术提升网站吸引力的意识还不够强，运用全媒体技术的内容还不够丰富。文化长廊的主题不够突出，对党建和思想政治教育工作的集中展示不够充分。二是学生党员活动场所偏少。常见的党员活动场所主要是党员活动室、会议室，由于各院校办学条件的局限，这些场所大多数处于多用途状态。比如学生宿舍区的党团活动室经常处于多个学生组织共同使用的状态，有时候也会和辅导员谈心谈话室一并使用，这种一室多用的现象使学生党员活动场所在时间和空间利用方面受到很大的限制，已不能适应党建高质量发展的需要。三是阵地建设和使用缺乏顶层规划。对于如何科学利用各类党建阵地以发挥其综合育人功能还缺乏顶层规划，这在一定程度上影响了目前党建阵地作用的发挥。开展的党员志愿服务、学生劳动教育、爱校荣校教育活动通常是组织摆放自行车、清理校园环境卫生等简单形式，缺乏可持续发展阵地。党建阵地虽然已经具备一定规模，但在使用上受时间和空间的限制比较多，党建阵地的综合育人功能发挥还不够完善。

## 二、立体式党建阵地品牌创建的原则

在摸清党建阵地建设底数的基础上，选准选好阵地建设的切入点和立体化建设的突破点，才能切实推进立体式党建阵地建设，让党建阵地活起来、组织生活严起来、党员形象立起来、服务能力强起来，才能将阵地建设优势转化为工作优势和发展动能，引领保障各项事业高质量发展。

### （一）聚焦党建阵地定位，强化阵地政治引领功能

让高校成为坚持党的领导的坚强阵地，这是高校基层党组织建设的根本目标。因此在阵地建设过程中，要始终坚持党建引领，强化阵地的政治引领功能，要坚持因地制宜、固本强基的原则，突出阵地的政治属性。一是要把学习贯彻习近平新时代中国特色社会主义思想作为首要政治任务，落实到阵地建设各方面、全过程，扛牢政治责任，强化政治担当。二是充分发挥学院党委的领导作用，既要切实履行把方向、管大局、做决策的政治责任，又要做好建班子、带队伍、抓落实等具体工作，在阵地的建设方向、建设方案、发展规划等方面把好关，对阵地建设过程中遇到的困难提供强有力的支持。三是要做好建章立制工作，以制度确保党建阵地政治引领作用的发挥。结合党支部评星定级和党支部书记抓基层党建工作述职、履行全面从严治党主体责任述职等工作，将阵地建设的成效作为重要的评价内容，以完善的制度规范各级党组织履职尽责，真正让基层党组织的政治功能强起来，作用发挥强起来。

### （二）聚焦高质量发展，突出阵地推动保障功能

高校党建阵地建设要聚焦高质量发展这一主题，为党组织开展各项活动提供有效保障，必须结合基层党组织的实际需求开展工作，只有明确目标、因地制宜才能建好阵地，才能使阵地的保障功能得到充分发挥。一是场地保障。随着党建工作水平的提升，基层党组织对活动场地的要求也逐渐提高，特别是高校基层党建工作，从入党积极分子的培养、党员的教育到党支部活动，都需要有相对固定的场地作为保障，而且对场地的功能性也有一定的要求。二是活动载体。建设活动载体阵地是丰富党建阵地的重要方面，以学习宣讲、“我为群众办实事”、志愿服务等形式，打造品牌化的活动载体，是保障和提升基层党建工作水平的重要路径。三是品牌示范。综合运用线上线下相结合的形式，实现硬件

条件和软件条件结合，是党建阵地建设的重要特征。以阵地品牌的立体化推进党建阵地的规范化、系统化，充分体现了党建品牌的引领示范作用，是党建阵地保障功能的具体体现。

### （三）聚焦成果实效，突出阵地服务凝聚功能

党建阵地立体化和品牌化建设的最终目的是提升基层党组织的工作水平，因此党建阵地建设要始终坚持聚焦成效，落实阵地的服务功能和凝聚功能。一是牢固树立以师生为中心的理念，凝聚服务力量，统筹服务资源，推进服务项目，建好用好管好阵地，以高质量的阵地建设服务师生、凝聚师生。二是以阵地标准化和系统化建设探索党员教育管理的常态化、长效化机制，持续开展“我为群众办实事”实践活动，依托阵地开展师生面对面、座谈会、沙龙等活动，倾听师生的心声，了解师生的需求。三是依托校内党建阵地，创新开展党员教育实践。依托立体式党建阵地，开展丰富多彩的党员教育实践活动，使党员教育更加鲜活生动、有力。四是丰富阵地育人元素，发挥综合育人功能。不断丰富党建阵地的育人元素，提升党员党性修养，厚植青年学生的红色基因、劳动意识和爱校荣校情怀。

## 第三节　立体式党建阵地品牌创建的路径

立体式党建阵地品牌创建首先要统筹好党建阵地建设，多途径、多形式、全方位地整合资源，将品牌化理念贯穿党建工作全过程，形成多品牌联动的工作体系。党建阵地的立体化和品牌化在发挥阵地保障作用、提供活动载体等方面具有一定的优势，对推动党建阵地的引领力、保障力、服务力、凝聚力等具有良好的促进作用。山东建筑大学信息与电气工程学院高度重视立体式党建阵地建设，坚持党建引领，强化责任担当，规范工作机制，健全制度保障，党组织的政治功能和组织力得到进一步提升。学院将品牌化理念贯穿党建阵地建设的始终，聚焦党建阵地建设的政治引领、推动保障、服务凝聚三个维度，系统化推进立体式党建阵地的内容体系、运行保障体系建设，学院逐渐打造形成了集聚党员教育、支部活动、党建研讨、志愿服务和成果展示多种功能于一体的党建阵地集群，增强了党组织的组织力，让党建工作更有活力和温度。

## 一、构建立体式党建阵地品牌的内容体系

因地制宜确立党建阵地品牌，既要结合学院发展历程、学科专业特点等因素，充分利用既有场地等资源，还要结合党组织工作基础、工作条件等综合考虑阵地品牌建设的内容体系。山东建筑大学信息与电气工程学院因地制宜做好立体式党建阵地的顶层设计，党员带头，汇集师生和校友力量，建设“全媒体中心＋‘智慧人生’文化长廊＋‘鸿雁’党建书吧＋‘智慧苑’绿化景观”的立体式党建阵地，彰显党组织的强大组织力，展现党员优良风貌，凝聚“众志成城”的精神、“团结奋进”的力量和“爱校荣校”的情怀。

### （一）综合运用全媒体技术，建设网络党建阵地

网络阵地是党建工作的重要阵地形式，立德树人根本任务和师生党员的特点决定了高校党建工作必须建好用好管好网络阵地，以灵活的形式、丰富的内容提升网络阵地的吸引力和党员教育管理的成效。山东建筑大学信息与电气工程学院通过建设党建专题网，探索运用全媒体方式，丰富创新党建宣传载体，倡导和组织师生撰写稿件，录制精品党课、思政课、红色话剧、微电影等，在学院党建专题网进行宣传展示，访问量大幅提升，扩大了网站的影响力，拓宽了育人的覆盖面。

### （二）打造文化长廊，充分发挥展示育人功能

文化长廊是高校较为普遍的宣传阵地，要用好文化长廊的展示育人作用，突出党建主题，发挥好环境育人功能。文化长廊的设计要体现学校、学院特色，彰显学科特点，在长廊展示内容、形式、布局上下功夫，打造沉浸式的党建工作展示平台，只有这样才能形成阵地品牌。山东建筑大学信息与电气工程学院在信息楼五楼大厅建设“智慧人生”文化长廊，设计制作了题记、历史沿革、党建和思政成果、学院简介、专业介绍、优秀在校生、优秀校友等版块。建设过程中，通过与学院党建和思政工作人员交流、座谈，挖掘学院党建和思想政治工作的特色亮点；通过与学院老领导、班子成员交流，汇集信息资源，整理形成学院历史沿革和大事记。“智慧人生”文化长廊已成为集中展示学院历史沿革、党建和思想政治教育、发展成果的重要平台。

### （三）建设读书阵地，拓展党员活动空间

聚焦理论学习、研讨交流、读书沙龙等活动，改造党员活动室或者公共区域建设党建书吧，是党建阵地的又一种重要形式。通过书吧的建设，打造书香党支部，营造浓厚的读书学习氛围，提升理论学习的成效。山东建筑大学信息与电气工程学院在信息楼建设开放式“鸿雁”党建书吧，按照书籍展示区、阅读交流区、党史知识宣传展示区进行功能分区。党建书吧展出理论学习书籍100余册，引导师生在浓浓书香中读出高尚好品行，读出红色凝聚力，读出勤廉好作风。书吧内宣传展示党史关键词、百年党史中的精神谱系等党史知识。依托“鸿雁”党建书吧进行党员教育，逐步将党建书吧打造成集党员教育、党建宣传、师生交流为一体的育人阵地。

### （四）建设校园景观阵地，打造特色“党员之家”

校园景观阵地具有范围广、参与性强的特点，易于将党员教育与爱校荣校教育、党员志愿服务、劳动教育等结合开展，是具有多重育人功能的阵地。要精心选取景观阵地的位置，赋予景观特定的意义，与师生形成共鸣，才能激发师生建设景观阵地的热情，才能使依托阵地的活动具有深厚的根基。山东建筑大学信息与电气工程学院在信息楼西侧建设“智慧苑”绿化景观，景观分为“芳草园”种植区、中心花坛、休读点区域，配以鹅卵石铺路，由在校大学生设计。“智慧苑”建设得到了师生、校友的响应支持，广大党员师生积极投身“智慧苑”建设志愿服务，历时2个月建成“智慧苑”。“智慧苑”的一草一木都是党员、入党积极分子亲手栽植、精心养护的成果，满园的花香无不凝结着他们辛勤的汗水。学院师生党员、入党积极分子、青年学生经常开展浇水、除草等日常养护，设计、制作宣传标牌，充分发挥景观育人作用。“智慧苑”建设实践，实现了参与式、沉浸式党员教育新模式，已成为学院党员教育基地、劳动育人基地和爱校荣校教育基地，成为山东建筑大学校园一道靓丽的风景。

## 二、构建立体式党建阵地品牌的运行保障体系

立体式党建阵地品牌创建是阵地建设品牌化和系统化的一个新阶段，是发挥党建阵地品牌示范作用和品牌矩阵协同作用的有益探索。把阵地建设成品牌，将品牌链接成体系，必须建立高效的运行保障体系，不断推进阵地品牌的立

体化，为实现更高质量发展注入新的持续活力。

(一)以品牌化打造提升阵地建设高度

党建阵地的品牌化能够使阵地的政治属性更加突出，服务保障和凝聚功能更加完善，吸引力更强，宣传、引领、示范作用发挥更加高效，是提升党建阵地建设水平的有效路径。阵地品牌要做到硬件条件和运行体系的同步建设，硬件条件是开展党员活动的必要保障，运行体系是确保阵地作用发挥的必然要求。2021年信息与电气工程学院“智慧人生”品牌立项山东建筑大学校园文化建设品牌项目，该品牌立足学院工作实际，紧密结合电气、电子信息类专业特色，聚焦人文智慧和科技智慧两个维度，打造立德体系、强能体系、环境体系于一体的立体式育人体系，使“智慧人生”成为具有时代精神和专业特色的校园文化品牌。“智慧人生”品牌体现了学院对学生的殷切期望，彰显了师生的共同追求，是学院落实立德树人根本任务的重要举措。“智慧人生”品牌从环境景观和育人体系两个方面开展建设，聚焦育人功能，挖掘学院党建和思想政治工作的特色亮点，成为学院思想引领、工作展示和推动育人的综合党建阵地。

(二)以项目化机制增加阵地深度

项目化运作模式使党建阵地建设形成闭环式管理，是党建阵地形成品牌、发挥育人功能的持续原动力。合理设定阵地品牌的建设目标，定位阵地的各项功能，通过制度化保障品牌运行的持续性，是高校党建阵地建设的重要抓手。山东建筑大学信息与电气工程学院“鸿雁”党建书吧采取了项目化的运作模式，在书吧的设计、建设、使用、维护等工作中，以项目化推进各项工作的开展。本科生第二党支部承担了党建书吧的运行维护工作，通过党员志愿服务的形式开展书吧的日常管理，逐步将“鸿雁”党建书吧打造成集党员教育、党建宣传、师生交流为一体的育人阵地。

(三)以网络化载体拓展阵地宽度

网络化、融媒体是形成立体式党建阵地的重要组成部分，高校党建工作要用好这些新技术、新手段，主动占领网络阵地。基层党组织网络阵地的建设既要力戒求大求全，充分利用权威资源，打造学习阵地；也要注重基层党建信息的展示，打造宣传阵地；还要根据师生党员的特点，策划制作广大师生喜闻乐见的文创作品。山东建筑大学信息与电气工程学院成立新媒体中心，负责学院党建专题网站和“信电红帆”公众号的建设维护工作，宣传学院党建动态、制度建设、样板支部建设、先进事迹和廉政建设等，发挥全媒体优势，线上展示《我来讲党课》《我来讲团课》等微视频，将思想引领、党员教育等工作融入其中，强化党的创新理论武装，提升党员教育和大学生网络思想政治教育的广度、深度。

## 第四节　案例分析与启示

山东建筑大学信息与电气工程学院高度重视党建阵地建设，打造了“全媒体中心＋‘智慧人生’文化长廊＋‘鸿雁’党建书吧＋‘智慧苑’绿化景观”的立体式党建阵地，为实现党建工作高质量发展创造了优质的活动阵地、育人阵地和宣传阵地。

### 案例一：丰富创新学习实践载体　推动主题教育走深走实

学习贯彻习近平新时代中国特色社会主义思想主题教育开展以来，山东建筑大学信息与电气工程学院发挥专业特色和资源优势，丰富创新学习实践载体，发挥综合育人功能，推动主题教育走实走深。

一是加强理论武装，用习近平新时代中国特色社会主义思想凝心铸魂。学院注重抓好个人自学、专家辅导、专题党课等各环节学习。学院班子成员、全体党员制订个人学习计划，读原著、学原文、悟原理。采取学院中心组学习、教职工理论学习、党支部学习等形式，紧紧围绕主题教育的主要内容，聚焦学校、学院改革发展任务和重点难点问题开展专题学习研讨。以专家辅导深化学习，邀请第十四届全国人大代表、山东大学儒学高等研究院特聘教授杨朝明以“坚持守正创新，建设文化强国”为题，解读文化自信与文化强国，带领大家领略中华优秀传统文化的博大精深和思想精髓，充分认识坚定文化自信的现实意义；邀请学校马克思主义学院教授刘海霞讲授学习党的二十大精神专题党课，勉励大家坚定理想、勇担使命，将个人价值的实现融入党和国家的事业当中；邀请学校马克思主义学院教授邹焕梅为全体教职工做题为“贯彻党的二十大精神，维护国家意识形态安全”的专题讲座，切实提高维护意识形态安全的思想自觉和行动自觉。学院班子成员、党支部书记结合工作，认真上好主题教育专题党课。

建设精品党课库，录制形成《加强建设科技强国，实现高水平科技自立自强》《学习党的青年运动史，做新时代的追梦人》两部党课，获评学校优秀党课。

二是加强党性教育，组织丰富多彩的现场教育。学院精心制定党员现场教育方案，组织党员到红色基地进行参观学习，集中参观红色展览，提高党性修养。教工党支部赴山东原山艰苦创业教育基地、淄博焦裕禄纪念馆开展现场教育。在焦裕禄纪念馆，全体人员认真聆听讲解员讲述，了解人民公仆焦裕禄同志奋斗的一生，近距离学习感悟焦裕禄精神。学生党支部先后赴中共山东早期历史纪念馆开展“赓续红色血脉，建功新时代”主题党日活动，参观学校离退休工作处党委主办的“坚定理想信念，汲取奋进力量”红色邮品主题展。退休老党员勉励学生“学习本领就像集邮一样，需要持之以恒地坚持，在党的下一个光辉百年画上浓墨重彩的一笔”。学院全体师生党员分批次集中观看学校“青莲”廉洁书画作品展，进一步筑牢党性根基，将崇德向善、清廉自守作为精神追求。

三是建设“鸿雁”党建书吧，发挥党建阵地育人功能。聚焦学院党建宣传阵地作用发挥不够充分的问题，开展“立体式党建阵地建设”调研，创新思路，集中智慧，建设立体式党建阵地。在信息楼建设开放式“鸿雁”党建书吧，展出理论学习书籍100余册，引导师生在浓浓书香中读出高尚好品行，读出红色凝聚力，读出勤廉好作风。书吧内集中宣传展示党史关键词、百年党史中的精神谱系等党史知识。学生党支部依托“鸿雁”党建书吧每月举办主题教育宣讲、集中学习研讨等活动。

四是建设校园景观，拓宽党员志愿服务路径。学院整合资源，广大师生党员带领青年学生积极投身“智慧苑”建设志愿服务，在信息楼西侧建成“智慧苑”绿化景观，师生党员、入党积极分子、青年学生经常性开展浇水、除草等日常养护活动，“智慧苑”已成为信息与电气工程学院的党员教育基地、劳动育人基地和爱校荣校教育基地，成为山东建筑大学校园一道靓丽风景。各党支部结合实际，开展形式多样的党员志愿服务活动，其中电气专业基础教研室党支部党员利用业余时间，开展“星光课堂”课后教学服务，采取线上线下相结合的方式给学生进行课后辅导，加深学生对知识的理解，提高综合运用所学基本理论分析和解决实际工程问题的能力。电气工程及其自动化教研室党支部培育“温故竞新、育电气英才”支部品牌，一对一帮扶学业困难学生，开展专业学科竞赛辅导。

五是发挥品牌育人作用，传承党的红色基因。学院持续推进党建工作品牌化，精心培育院级“鸿雁”党建品牌，实施“一支部一品牌”。主题教育开展以来，

“鸿雁”大学生宣讲团围绕党的二十大精神学习，精心备课科技报国、文化自信等宣讲主题18个，集中开展宣讲4场。宣讲团在筑基会堂开展了“讲好红色故事，对话青春力量”主题宣讲，以有温度的“青春故事”和有力度的“青春号召”，让党的红色基因在学生心中生根发芽。本科生第四党支部培育支部品牌“鸿雁”红色经典分享会，开展“读”“讲”“评”三位一体的红色经典阅读主题党日活动，举办沉浸式红色故事演绎，以不同英雄人物的精彩故事为内容，带领党员走进角色内心，体验角色情感，全方位追寻革命先辈的光辉足迹，汲取红色精神和红色力量。

今后，信息与电气工程学院将继续推动主题教育走深走实，将主题教育成果展现在高质量发展新成效上，着力推进主题教育理论学习与实践相融合、调查研究与办实事解难题相融合、党建与业务相融合，为学院、学校高质量发展做出应有贡献，为建设教育强国和实现高水平科技自立自强努力奋进。

**启示：**阵地建设是党建工作的基础性工作，是党建工作载体和平台的重要支撑。基层党组织开展党建工作，只有充分整合资源，形成系统化的推进方案，才能提升党建工作水平。山东建筑大学信息与电气工程学院在学习贯彻习近平新时代中国特色社会主义思想主题教育中，发挥专业特色和资源优势，从五个方面丰富创新学习实践载体，发挥综合育人功能，推动主题教育走深走实。这五个方面包含了阵地建设的重要内容，是立体式党建阵地品牌的集中展示和推进阵地硬件建设与运行机制建设的典型案例。

## 案例二：建设“鸿雁”党建书吧　打造学习教育红色阵地

为进一步提升党建工作水平，强化政治功能，山东建筑大学信息与电气工程学院在学校信息楼四层长廊设立开放式“鸿雁”党建书吧，打造学习教育红色阵地。书吧设有专门阅读学习区，可同时容纳40余人共同学习，书柜内有理论学习书籍100余册，借阅制度规范，师生阅读热情高涨。为提升党建书吧活力，吸引更多师生驻足观阅，信息与电气工程学院学生党支部定期在党建书吧举办理论宣讲、集中学习研讨、读书分享会等活动，引导师生在浓浓书香中读出红色凝聚力，读出勤廉好作风。

### 巧用场地，建设身边的红色书吧

信息与电气工程学院原有一间建在学生公寓内的党团活动室，由于处在男生公寓内，女生出入不方便，影响了活动室的使用效率。为了解决学生党支部活动场地的问题，学院决定开辟一处场地，建设“鸿雁”党建书吧作为学生党员活动场所。经过周密选址，最终学院选定在信息楼四楼走廊一侧，建设一处半开放式的活动场地。这处场地的选择具有以下优势：一是位置优越。由于在学院办公和实验教学区，就在学生学习场地的旁边，学生来往很方便，提升了场地的便利性。二是场地规模合适。场地能容纳40人左右参加活动，基本能满足大多数党支部独立开展活动，这样党支部就有了相对固定的阵地，支部活动有了一定的保障。三是兼具多种使用功能。全天候都可以使用和开放式活动阵地的模式使“鸿雁”党建书吧兼具党日活动场所、学生休息点、师生交流场所等功能。

### 精心设计，突出“鸿雁”党建品牌

按照学院创建党建品牌的工作思路，围绕“鸿雁”党建品牌，学生党员集思广益，最终确定了“鸿雁”党建书吧的名称，紧扣学院党建品牌的立意，突出党建阵地属性，明确红色书吧特色。学生党支部选拔有特长的党员开展书吧功能区的设计，按照开放、共享的理念，立足支部活动和党员教育的实际需求，购置可移动桌椅、书架、书籍，座椅既可以摆成40人会议模式，也可以分成几组摆放开展小组活动，使用十分方便。在购置书籍上，学院精心选择图书，展出理论学习书籍100余册。学生党支部还对书吧进行了布置，请环境设计专业的同学进行了专门的设计，对入口标识牌、墙面宣传栏进行了个性化的设计，集中宣传展示党史关键词、百年党史中的精神谱系等党史知识。整个书吧的设计紧扣“鸿雁”品牌形象，突出红色书吧主题，营造了庄重温馨的环境。

### 组建团队，构建书吧完善运行机制

学院依托本科生第二党支部进行“鸿雁”党建书吧管理和维护，制定了“鸿雁”党建书吧的各项管理规定，形成了一套完整的“借、用、还”体系，学院对党建书吧的建设维护从经费上给予了大力支持。学生党支部依托“鸿雁”党建书吧每月举办党日活动、集中学习研讨等。书吧内定期举办“鸿雁”红色经典分享会特色活动，定期开展读书沙龙分享读书心得。各党支部每月选定主题，在书吧开展学习、培训等活动，通过沙龙、讨论等形式，在浓郁的书香中激发学习热情。通过项目化运作，规范书吧的管理和使用，策划实施书吧精品活动，提升党建工作的影响力，使党员教育更加生动有效。

用好书吧，支部活动映出阵地书香

一场“以青春之我，寻理想之光”分享会在书吧进行，高年级学生党员为入党积极分子带来了一场精彩的榜样分享，引来阵阵掌声。2021 级研究生党员孙钰龙以“研路漫漫，逆旅迎光”为题，分享自己的读研经历，鼓励同学们坚定理想信念，勇攀科研高峰。电气 201 班王猛、电气 202 班张泽昊分别以“转变就业观念，收获令人心动的 offer”“勇往‘职’前，走好就业的第一步”为题，讲述自己的求职故事，并从简历制作、暑期实习、秋招面试等方面向同学们分享求职经验。电气 201 班刘瀚坤、电信 201 班李庚辰分别以“会有鲜花，会有掌声”“热血军旅褪荣光，不负青春再出发”为题，从个人情况、大学规划、保研规划三个方面向同学们分享自己的保研经验，激励同学们认真学习专业课程，同时利用好课余时间不断充实自己，提高自己的竞争力。像这样面对面的分享、讨论式的沙龙在“鸿雁”党建书吧已经形成了成熟的模式，对延伸党员教育成效起到了良好的效果。

信息与电气工程学院建设开放式“鸿雁”党建书吧

**启示：**“鸿雁”党建书吧是信息与电气工程学院立体式党建阵地的重要组成部分，书吧划分为书籍区、阅读区、党的知识宣传展示区，是一个集党员和入党积极分子教育、党员活动场所、学生休读点、师生交流场所为一体的多功能红色阵地。完善的运行机制确保了书吧的有效管理和高效利用。“鸿雁”党建书吧既为师生提供了丰富的红色学习教育资源，也为学生党支部开展工作提供了固定场所。从召开党支部会议、党员谈心谈话到开展精品党日活动，“鸿雁”党建书吧已经成为学院“党员之家”、入党启蒙教育阵地和党建工作的重要展示窗口。

## 案例三：构建三位一体“云思政”育人模式

随着自媒体时代和“互联网＋”的高速发展，青年大学生主体意识愈发凸显，青年大学生由网络社会生力军向主力军转变，青年大学生逐步从信息的被动接受者转变为信息传播的参与者，乃至网络文化的传承创造者。因此，努力探索网络思想政治教育新模式，成为新时代一个重要的现实性课题。

### （一）目标与思路

信息与电气工程学院聚焦自媒体时代和“互联网＋”发展，不断探索思想政治教育新模式，搭建网络思政教育平台——“信电红帆”微信公众号，做好学院网站升级改版，设立党建专题网站。学院立足“一主两翼”——以党员为“主体”，线上线下为“两翼”，积极探索“党建引领＋朋辈影响＋活动感召”三位一体“云思政”育人模式，把传统思想政治教育优势与互联网优势联结起来，线上线下协同，不断增强网络思想政治教育的针对性和实效性。

### （二）具体做法

1.党建引领：建立结对机制，提升网络思政“战斗力”

学院通过发挥党政干部、辅导员和党员教师三支队伍的作用，建立健全“党建导师团”机制，实施党政干部、辅导员、党员教师与学生“结对子工程”。在“信电红帆”公众号开设“党建在线”“党史学习”“党建动态”等栏目，搭建党政干部与学生之间、党员教师与学生之间参与式、体验式、交互式的活动平台。学院领导班子、辅导员、党员教师通过进课堂、进宿舍、进活动、进网络对学生进行思想引导、学业辅导、心理疏导、行为督导，师生之间建立起相对固定和连续的良性互动关系，发挥党建导师作用，线上与线下同向同行，不断提升网络思想政治教育“战斗力”。

2.朋辈影响:加强朋辈良性互动,激发网络思政“凝聚力”

学院把青年学生作为“云思政”创新的生力军,着力加强学生干部队伍建设,为网络思想政治教育凝聚更多青年合力。学院成立了以学生党员为主的“信”媒体中心,从学生视角出发,深入了解大学生的共性和个性,以大学生喜闻乐见的宣传方式提升平台内容的吸引力。学院将学生的关注点融入学生网络思想政治教育中,结合学生社会实践、文体活动等丰富网络宣传内容,不断激发网络思想政治教育“凝聚力”。

3.活动感召:抓住关键节点,彰显网络思政“感召力”

以党史学习教育为契机,学院官微推出“向史而新”“党史学习教育”等有时代热度的栏目,相关栏目共推出30期,阅读量7000余次,通过线上思政育人和线下活动育人双向融合,不断提升思政育人效果。学院开展“喜迎二十大,奋进新征程”红色经典书籍共读活动,举办“红色经典·悦享经典”读书心得分享活动,让学生在分享观点、交流心得、碰撞思维的同时,主动地接受思想政治教育,将学生被动接受教育的过程转化为主动学习接受教育的过程,让“云思政”“动”起来、“活”起来,不断彰显网络思想政治教育“感召力”。

### (三)取得的成效

1.通过“党建导师团”开辟了师生交流互动的新平台

学院“信电红帆”公众号开设“党建在线”“党史学习”“党建动态”等栏目,建立党建带团建机制,搭建了师生互动的新平台,拓展了大学生网络思想政治教育的广度和深度,增强了学院育人质量。在实践中,党政干部、辅导员和党员教师形成协同效应,促进了党建带团建、党建与思政无缝对接、教师育人与学生成才融合发展。

2.通过“朋辈互动”搭建了青年学生共同进步的新载体

学院以“朋辈”思政教育为方法导向,通过成立“信”媒体中心、组建“鸿雁”大学生宣讲团、开展学生党员示范活动,搭建朋辈思想政治教育路径,弘扬了青春正能量,进一步引导青年学生形成了互学互促、共同进步的良好氛围。学院依托“一支部一品牌”项目,聚焦科研竞赛、考研升学、公务员考试、就业创业、学风建设等方面,开展了系列“朋辈交流”活动。2023年学院本科生第二党支部获批第三批山东党建工作样板支部培育建设单位。

3.通过"活动感召"点燃了网络思想政治教育新火种

学院利用"信电红帆"公众号和学院网站，建立健全线上思政和线下育人双向融合的联动机制。一方面，学院利用新媒体平台传播速度更快、覆盖面更广、交互性更强等特征，结合党史学习教育、喜迎党的二十大召开等契机创新"云思政"的内容和形式；另一方面，学院同步利用线下育人资源，充分发挥党员在党史学习教育、科技创新、学科竞赛、就业创业等方面的带头作用，不断强化党建融合力和示范力，营造浓郁的校园文化活动氛围，为学生搭建更多学习交流和素质拓展平台，让学生在内容丰富多样的活动赛事中受到教育和启迪。

**启示：**山东建筑大学信息与电气工程学院依托"信电红帆"微信公众号和党建专题网站，立足"一主两翼"——以党员为"主体"，线上线下为"两翼"，构建"党建引领＋朋辈影响＋活动感召"三位一体"云思政"育人模式，把传统思想政治教育优势与互联网优势联结起来，线上线下协同，不断增强网络思想政治教育的针对性和实效性。形成全媒体之间互联共通、相互借力的态势，协同党政干部、辅导员、专任老师、学生干部多方合力，构建思想政治教育线上线下同心圆，发挥网络阵地正向育人作用，不断提升思想政治教育工作开展的实效性。

## 案例四：以"智慧苑"绿化景观建设提升学生党员教育成效

"智慧苑"绿化景观是山东建筑大学信息与电气工程学院师生共同在校园内建设的育人阵地，已成为学院党员教育基地、劳动育人基地、爱校荣校基地，成为山东建筑大学校园一道靓丽风景。"雪山耕读"智慧苑劳动实践项目获评了山东省普通本科高等学校劳动教育第二课堂典型项目。

聚力建设智慧苑，打造特色"党员之家"

2023 年 3 月，信息与电气工程学院为拓展党员活动场所，打造校内党员教育基地，着手在校园内建设"智慧苑"绿化景观，打造特色"党员之家"。"智慧苑"整体分为"芳草园"种植区、中心花坛、休读点，配以鹅卵石铺路，由在校大学生执笔设计。"智慧苑"建设得到师生、校友的响应支持，广大师生党员带领青年学生积极投身"智慧苑"建设志愿服务，历时两个月，在师生和校友的共同努力下"智慧苑"于 2023 年 5 月竣工。"智慧苑"的建成体现出"众志成城"的精神、"团结奋进"的力量和"爱校荣校"的情怀。学生党员刘健动情地说："在'智慧苑'的建设过程中，与老师同学们一起翻地松土、清理杂草、播种浇水的经历，让我切身感受到了劳动的辛苦、快乐与光荣。‘智慧苑’是我们共同建设的结晶，是我们在建大的绿色家园，今后我们将投身‘智慧苑’日常养护，为建设美丽校园贡献力量。”

## 依托校内党建阵地，创新开展教育实践

信息与电气工程学院各级党组织在“智慧苑”开展丰富多彩的党员教育实践活动，使党员教育更加鲜活、生动、有力。学院精心制定入党积极分子、党员发展对象、党员的教育培训方案，坚持理论教学与实践教学相结合，依托“智慧苑”开展实践教学，经常性参加种植、浇水、除草等养护工作。研究生第一党支部、研究生第二党支部的党员们学习“芳草园”植物养护知识，开展“智慧苑”环境设计与实践，在劳动实践中发现美、感受美、创造美。本科生第二党支部在“智慧苑”举办红色故事分享会，感受一段段英雄赞歌。本科生第三党支部在“智慧苑”开展廉洁文化读书会活动，在鸟语花香中读出高尚好品行，读出红色凝聚力，读出勤廉好作风。

## 丰富阵地育人元素，发挥综合育人功能

学院不断丰富党建阵地的育人元素，发挥“智慧苑”综合育人功能，提升党员党性意识，厚植青年学生的劳动意识和爱校荣校情怀。“智慧苑”内的鹅卵石路和木质圈椅由信息与电气工程学院2003级、2009级校友捐建。“智慧苑”的一草一木都是党员、入党积极分子亲手栽植、精心养护的成果，满园的花香无不凝聚着学生辛勤的汗水。当你走近“智慧苑”，映入眼帘的标牌记载着师生、校友共同参与“智慧苑”建设的历程，向建大学子们静静诉说着“我们在这里播撒希望的种子，收获满园芬芳，见证着建大学子的成长。相遇建大，建筑你的梦想。奔赴山海，归来仍是少年”。“清风筑梦　信达天下”八个字，作为参与捐赠的校友的嘱托，镌刻在“智慧苑”，激励信电人两袖清风筑梦前行，胸怀诚信兼济天下。中心花坛内的标牌彰显着“相遇建大，相伴成长”的满满情谊与深情祝福。

如今，“智慧苑”已成为信电师生的牵挂，成为党员活动、新生入校、校友返校的打卡地。“智慧苑”建设和实践活动实现了参与式、沉浸式党员教育新模式，有效提升了党员教育和大学生思想政治教育的成效。

在“智慧苑”育人基地开展“感恩母校情，共植同心林”活动

**启示：**山东建筑大学信息与电气工程学院高度重视校内党建阵地建设，在党员师生的带领下，学院师生和校友历时两个月在学院所在楼宇周边建设“智慧苑”绿化景观。“智慧苑”的建成，见证着信电人众志成城的精神、团结奋进的力量和爱校荣校的情怀。学院充分发挥阵地育人功能，运用各类标牌彰显廉洁文化和爱校情怀，依托“智慧苑”长期开展党员教育、劳动教育和爱校荣校教育，师生党员、入党积极分子、青年学生进行“智慧苑”绿化种植和养护，开展党日活动、团日活动、中华优秀传统文化经典诵读活动等。“智慧苑”已成为建大校园一道靓丽风景，成为校友心中的美好记忆和牵挂。

## 案例五：建设“智慧人生”文化长廊，筑牢党建工作阵地

山东建筑大学信息与电气工程学院2021年开始建设“智慧人生”文化长廊，以记载学院发展印记，展示专业特色和办学成果，传播“智慧人生”文化品牌，传承学院精神，宣传典型事迹，激励广大师生锚定党中央擘画的宏伟蓝图，不忘初心，担当作为，推进学院各项工作再谱新篇章。“智慧人生”文化长廊已经成为学院党员教育、新生入学教育、专业教育、励志成才教育、爱校荣校教育的重要阵地。

### 加强文化传播，提高智慧人生品牌影响力

走进“智慧人生”文化长廊，映入眼帘的是“智慧人生”文化长廊题记。“智慧人生”文化品牌立项山东建筑大学“一院一品”项目。“智慧”表达了信息与电

气工程学院五个专业的共同特性，代表了专业的发展方向，对学生专业思想的建立和专业知识的学习具有启发和引领作用。人生要充满智慧，智慧才能成就人生，“智慧人生”体现了学院对学生的殷切期望，彰显了师生的共同追求，是学院落实立德树人根本任务的重要举措。

### 记载学院发展印记，传承学院精神

“智慧人生”文化长廊集中展示学院发展印记，长廊中设有学院发展沿革、院训、学院简介、学科专业介绍四个版块。信息与电气工程学院始创于1964年，学院组织专门工作组，收集整理学院办学历史和大事记。学院发展沿革版块再现了学院从创立到发展的历程，办学规模和办学层次的发展脉络在这里一一呈现。60年的发展历程，信电人始终坚守初心、砥砺前行，以实际行动践行“励志创造　笃信厚学”的院训。学院简介展板全面介绍学院党建、教学、科研和学生培养情况。学科专业介绍版块展示了学院控制科学与工程学科的建设情况，对电气工程及其自动化、建筑电气与智能化、电子信息工程、通信工程和物联网工程五个本科专业的基本情况进行集中展示。

### 坚持党建引领，集中展示党建和思想政治教育成果

“智慧人生”文化长廊设有党建和思想政治教育成果展示区，集中展示了学院党建引领、立德树人、品牌育人、廉洁文化、协同育人等五个方面的工作成果。

“党建引领”版块展示了学院党建工作成果。学院加强基层党组织建设，发挥物联网工程教研室党支部作为首批山东党建工作样板支部、山东高校“双带头人”教师党支部书记工作室的示范带动作用，把党的组织优势转化为立德树人、铸魂育人的内在动力，各项工作成效显著，并获评山东省教育系统先进基层党组织、山东党建工作标杆院系培育创建单位。

“立德树人”版块展示了学院育人效果。学院聚焦学生成长成才，强化思想引领，夯实基础工作，突出科技实践特色，培养德智体美劳全面发展的社会主义建设者和接班人。学院获评学生工作先进单位。国学社获评全国优秀大学生国学社团，大学生科技创新创业协会入选全国百强学生社团。

“品牌育人”版块展示了“鸿雁”党建品牌建设成果。学院精心培育“鸿雁”品牌，构建“精品党课库＋‘鸿雁’信电先锋党员示范活动＋‘鸿雁’大学生宣讲团”的党建引领育人模式，推动党建和思政教育深度融合，以品牌创建燃动立德

树人“红色引擎”，经验做法被半月谈、学习强国等报道多次。

“廉洁文化”版块展示了“信”文化建设成果。学院厚植廉洁文化，创新构建廉洁文化教育矩阵。面向毕业生，组织“美好人生，廉洁同行”主题党日活动，号召毕业生签署廉洁从业承诺书。面向师生精心开展多元化、常态化纪律教育，弘扬“信”文化，为教职工和毕业生赠送刻有“清风筑梦 信达天下”的个人印章，激励信电人两袖清风筑梦前行，胸怀诚信兼济天下。

“协同育人”版块展示全员育人做法和成效。学院深入挖掘多元育人主体的教育潜能，全面实施系统合力育人策略，用好校内外育人队伍，构建辅导员、班主任、党政干部、教工党员、专业教师、家长、校友、企业家协同育人格局，助推学生成长成才，并获评学校就业工作先进单位、就业工作突出贡献奖、创业教育先进集体。

### 先优事迹上墙，为师生发展树立标杆

“智慧人生”文化长廊集中展示师生的典型事迹，设有教工党员先锋岗、优秀在校生、优秀青年校友三个版块。教工党员先锋岗版块展示全院全体教工党员信息，激励着教师党员们立足岗位做贡献，同时接受广大师生监督。优秀在校生版块选取有代表性的青年学生，展示他们在大学期间的拼搏付出和取得的成果，激励大学生们以优秀在校生为榜样，早日确定大学目标和成长规划。优秀青年校友版块介绍校友们在各行各业取得的成绩，让在校生看到“长大后我就成了你”，明确未来发展路径。

“智慧人生”文化长廊不仅是一条展示学院文化的长廊，更是一部激励信电人奋发进取的教科书。在这里，师生们可以了解学院的发展历程，感受学院的文化底蕴；可以了解自己所学专业的发展历程和发展成果，激发自豪感和学习动力。每逢新生入学、毕业生离校、新教师入职，参观文化长廊都成为一门必修课。信电人在这里见证着学院发展史，推动学院发展的历史感、使命感和责任感油然而生。

注重发挥“智慧人生”文化长廊的育人功能

**启示：**宣传文化阵地是学校、学院对外展示文化和建设成果的重要窗口，也是加强高校党员教育和思想政治教育的重要阵地。山东建筑大学信息与电气工程学院精心建设“智慧人生”文化长廊，注重加强顶层设计、发挥综合育人功能，长廊记载学院发展印记，展示专业特色和办学成果，传播“智慧人生”文化品牌，传承学院精神，宣传典型事迹，激励广大师生锚定党中央擘画的宏伟蓝图，以强烈的历史感、使命感和责任感，积极投身学校和学院发展建设。“智慧人生”文化长廊已经成为党员教育、新生入学教育、专业教育、励志成才教育、爱校荣校教育的重要阵地。

# 参考文献


[1]《坚定创新自信　建设科技强国》,《科技日报》2022 年 12 月 30 日。

[2]《中办印发〈2019～2023 年全国党员教育培训工作规划〉》,《人民日报》2019 年 11 月 12 日。

[3]《中共中央国务院关于全面深化新时代教师队伍建设改革的意见》,《人民日报》2018 年 2 月 1 日。

[4]《中国共产党普通高等学校基层组织工作条例》,《人民日报》2021 年 4 月 23 日。

[5] 丁爱国、郝芸芸、于志云等:《高校基层学生党建工作品牌化建设的探索与实践——以山东建筑大学“E 帆导航”党员示范活动为例》,《山东教育》(高教版)2019 年第 3 期。

[6] 侯振华、王欣磊、赵明聪等:《协同育人视域下加强大学生党史学习教育的路径探析》,《高教学刊》2023 年第 7 期。

[7] 李明、邓晓平、刘斌等:《应用型高校基层党支部党建工作和业务工作融合发展的实践探究》,《济南职业学院学报》2023 年第 2 期。

[8] 李仁芳:《奋勇争先开创组织工作新局面》,《凉山日报》2023 年 3 月 1 日。

[9] 刘德强、袁静、张晓帅等:《基层党建赋能助力高校教师高质量发展路径研究》,《上海理工大学学报》(社会科学版)2023 年第 4 期。

[10] 刘朋编著:《基层党建品牌创建指南》,广东人民出版社 2019 年版。

[11] 王振兴、侯红梅、王宝根等:《新形势下高校党建和业务工作深度融合的路径》,《中国高等教育》2022 年第 2 期。

[12] 谢虞南、彭馨蕊、李晗:《"高校+社区"党组织联建共建机制研究》,《时代报告》2023 年第 3 期。

[13] 严雯婷:《高校基层党组织服务地方经济社会发展的创新路径研究》,《湖北开放职业学院学报》2023 年第 3 期。

[14] 张萌航:《夯实高校基层党组织结对帮扶机制》,《中国商人》2021 年第 6 期。